资金运动会计理论

Funds Movement Accounting Theory

易庭源 著

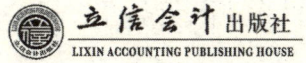
立信会计 出版社

LIXIN ACCOUNTING PUBLISHING HOUSE

图书在版编目(CIP)数据

资金运动会计理论 / 易庭源著. —上海:立信会
计出版社,2013.4
ISBN 978 - 7 - 5429 - 3712 - 4

Ⅰ.①资… Ⅱ.①易… Ⅲ.①会计学-研究 Ⅳ.
①F230

中国版本图书馆 CIP 数据核字(2013)第 086930 号

责任编辑　　黄成艮
封面设计　　周崇文

资金运动会计理论

出版发行	立信会计出版社			
地　　址	上海市中山西路 2230 号	邮政编码	200235	
电　　话	(021)64411389	传　　真	(021)64411325	
网　　址	www.lixinaph.com	电子邮箱	lxaph@sh163.net	
网上书店	www.shlx.net	电　　话	(021)64411071	
经　　销	各地新华书店			

印　　刷	上海天地海设计印刷有限公司
开　　本	890 毫米×1240 毫米　　　1/32
印　　张	8.375
字　　数	197 千字
版　　次	2013 年 5 月第 1 版
印　　次	2014 年 4 月第 2 次
书　　号	ISBN 978 - 7 - 5429 - 3712 - 4/F
定　　价	36.00 元

如有印订差错,请与本社联系调换

代　序

——我的父亲易庭源

一、中共党员易庭源

我的父亲易庭源，是中共党员。两个弟弟和一个弟媳妇，也是。母亲，民盟；太太，民革。我自己，经省委统战部认定，算"无党派人士"。还有一个弟媳妇，也没有党派。总之，我们家，共产党员最多，占绝对优势，是主流。其他方面，也都齐全，是典型的"和谐社会"。党内党外，也"肝胆相照，荣辱与共"，而且"长期共存"，但不"互相监督"。哈，我们是"互不监督"！我们三兄弟，一个在高校，一个在央企，一个在政府，一岸三地，各自谋生。母亲在世时，老爷子"抓大放小"；母亲去世后，则"无为而治"。其实，他老人家想管也管不了，何况根本就不想管。

易庭源同志党性很强，对组织忠心耿耿。组织上对他也很公道，多次给他评优。建党 90 周年之际，又评为优秀党员。要让我说，他当之无愧。至少，克己奉公，以身作则，吃苦在前，享乐在后，这些共产党员应该有的优秀品质，他老人家都有。

20 世纪五六十年代，工会组织看电影。发给我们家的票，每回都是最差的，不是在最后面，就是在最边边。天长日久，老是这样，母亲就有意见。父亲却呵呵一笑，说坐在哪儿不是看？又不会看坏眼睛。母亲也就没了脾气。

不过这事我有想法。我现在有时会斜着眼睛看人，没准就是那时落下的毛病。

还有一件事也记忆犹新。"文革"期间，单位撤销。我们全家被扫地出门，下放到农村。不过，下放干部是带工资的，不跟社员一样拿工分。也许是组织上信任吧，发工资的任务，就交给了我父亲。我们家，从来是母亲管财政，父亲哪里会算账？上级又规定，这事要对农民保密。这下子麻烦了。父亲只好半夜三更躲在床上，放下蚊帐，点起油灯，通宵达旦地分钱，像个"地下党"，比余则成还紧张。后来说起这事，母亲都咯咯咯咯直乐。

这两件事，都发生在入党前。看来，那时他虽然组织上没入党，思想上早就入党了。

入党以后怎么样呢？抱歉，我这个"无党派人士"可不得与闻。直到清理父亲遗物，才发现了2002年8月2日，中共中央政治局委员、湖北省委书记俞正声的一封亲笔信。根据这封信的内容，可以推测父亲曾给俞书记写信，谈下岗工人的安置问题，并提出了解决方案。俞书记则回信介绍了实际情况，并感谢他"关心全省的工作"。这大约可以算是中共党员易庭源忧国忧民之一例。

另一件遗物，是父亲留下的一叠纸。第一页写了一个标题："一、做一点有益人类的工作"。标题下面只有一句话："每个人，活一天，就应做一点点，有益人类社会发展的工作。"另一叠纸上，写了"二、行善"这个标题。看来是在起草一个什么文件，或者是要总结自己的一生，或者是要为子孙留下遗训。父亲去世，是因为心脏突然停止跳动，无疾而终，并无遗嘱。他老人家写的这几句话，恐怕应视为最后的遗言。

二、会计学家易庭源

我们家，说起来也算是"书香门第"。祖父易思嶙老先生，毕业于湖南法政学堂,担任过中华民国湖南道县代理县长等职。终因不能适应官场倾轧,或被"黄四郎"之流排挤,在不惑之年挂冠而去,回乡赋闲,自修医术,治病救人。所谓"不为良相,则为良医",大约就是这个意思。大伯父易仁荄先生,1935年毕业于清华大学历史系,跟夏鼐、吴晗、翦伯赞是同学。毕业后,在大学和中学任教数十年,培养了大批学生,可谓桃李满天下。

这样家庭的子弟,读书一般都不会很差。1940年,父亲考上了厦门大学中文系。但因正值抗战时期,烽火连天,路上既不安全,家里也掏不起路费,只好改上当时设在湖南所里(今湖南吉首)的国立商学院。从此,他的一生,便都献给了会计学。

不过,父亲在会计学界,似乎是个"异类"。

反叛从大学一年级就开始了。起因,则是不满老师要求的死记硬背,进而怀疑那会计学原理根本就不对。你那原理如果是对的,为什么不能通晓明白地讲得学生心服口服,硬要强按牛头喝水呢?这就肯定有问题。

有问题,就要找出路。于是,从大二到大三,父亲把图书馆里所有的文献资料,都读完了。最后,在德国会计学家巴比、莱脑、韦勃,日本会计学家太田哲三那里,得到了启示。这就是要以"动态论"来反对、批判和替代"平衡论"。这是1944年,他大学四年级的事。1949年,著名学者李达任湖南大学校长,在全校宣讲辩证唯物主义,父亲又大受启发,遂刻苦攻读马恩。经过3年努力,终于在马克思主义政治经济学和唯物辩证法的基础上,创立了自己的学说——资金运动会计理论。这是1951年的事。当时,父亲32岁,大学毕业7年,任湖南大学助教。

这理论,我当然看不懂,也讲不清,而且不解。他老人家,是把会计称为"科学"的。会计,明明是技术,怎么是科学呢?顶多说会计学是科学。

父亲生前,我曾拿这事问他,他默然不语。直到守灵那天晚上,我挑灯夜读《资金运动会计理论》一书,才恍然大悟。原来,一旦把会计定位为"技术",则无论会计师,还是会计员,便都成了"账房先生"。这让父亲极为不满。在他看来,会计应该是"诸葛亮",至少,会计师得是。最好是"丞相诸葛亮",起码也得是"军师诸葛亮"。一个真正的会计师,应该对企业的生产流程,从事前、事中到事后,都进行全方位的监控,以保证企业真正做到"用尽量少的价值,创造尽量多的使用价值"。唯其如此,才能真正造福于人类,也才能避免投机取巧、强取豪夺、发横财。这就非把会计变成科学不可。

父亲的思想,其实是超越了会计学啊!

这个想法,也许很早就有了吧? 1947 年,父亲住在岳麓书院东边的静一斋,撰写《新动态论》,曾自书一联云:

> 道统寄名山,使我悠然神往;
>
> 文章馨陋室,其人乐以忘忧。

也就在这一年,我来到了人世。

三、一介书生易庭源

从国立商学院毕业后,父亲便走上了讲台。起先在湖南大学。1953 年,全国高校院系调整,又调到中南财经学院(今中南财经政法大学前身之一),直至退休。数十年教学生涯,亲炙弟子不知凡几。但所有学生的点名册或成绩单,他老人家都珍藏起来。如有老学生来看望,父亲便会翻出这些泛黄的纸头,大家共同感慨一番。师生关系之好,可见一斑。

其实,老一辈的学人,是很讲究"为人处世"的。同事之间,当然也有矛盾,有摩擦,甚至有冲突。但,至少到"文革"前,大家面子上还是客客气气,行礼如仪。父亲的同事,无论年龄大小,我们都一律叫"伯伯"。同事家的孩子,哪怕他们的父亲年龄更大,也管我父亲叫"易伯伯"。至于父亲的学生,我们得叫"叔叔"。因为依照老规矩,学界同仁,无论年长年少,一律称"兄"。弟,是叫学生的。学生称"大弟",同事称"仁兄",这是礼数。否则,就是"不懂规矩,没有教养",也不配称为"读书人"。

至于父亲的老师,我们叫"太老师"。但太老师不会管我们叫"孙子",而是叫"贤侄"。这也是礼数。这个礼数,现在的年轻人可是真不懂。有一次,我去看望一位兄弟辈的朋友,他家小保姆居然让他孙女叫我"叔叔",这也太离谱了。中国传统礼仪的"立法精神",是"扬人抑己"。对别人的称呼,要"就高不就低"。所以,到商店买东西,哪怕那营业员明摆着比我们年纪小,父亲也让叫"叔叔"。这虽然过了一点,但总比把爷爷当叔叔好。

父亲的老师,是刘炳炎老先生。两人虽然是师生关系,却"道不同,不相与谋"。老先生主张"平衡论",我父亲主张"运动论"。而且,还公开宣布:吾爱吾师,吾更爱真理。老先生也由他去。不过,尽管两人的学术观点针锋相对,但每到逢年过节,父亲必定带了我这长子,去看望老人家,恭执弟子礼。更不可思议的是,"文革"中,我从新疆回来探亲,没钱买返程票。下放在农村的父亲,竟然写信向太老师借钱。我拿着信去见太老师,老先生不但如数借出,还设家宴款待。这事在今天听来,简直就是"天方夜谭"。

这,其实就是所谓"书生本色"了。在他们的心目中,绝对有比金钱更重要的东西,这就是学问与真理,以及人情与道义。所以,父亲虽然是一介书生,无权无势,而且一生清贫,身无长物,却一直都在资助贫困学生。这也正是在2008年,我们要把奉献给他的10万元寿金捐给学校,设立"易庭源奖学金"的初衷。

四、良师慈父易庭源

几乎所有的学生都认为,我父亲是好老师。

有一件事我是记忆犹新的。为了便于学生理解"资金运动会计理论",父亲曾亲手做了一个教学模型:在一个木架上,安装若干小纸盒,标上账户名称。纸盒之间,用玻璃管连接。当小圆珠从一个纸盒滚到另一个纸盒时,就表示资金的运动。这个教学模型,我是亲眼看见父亲做的。那时我9岁多,所以还记得。

其实,父亲也是好父亲。

20世纪40年代末期,通货膨胀,物价飞涨。父亲一点微薄的薪水,已经无法养家糊口,便在业余时间做点小买卖,卖煤油灯。家里空间小,煤油灯摆了一地。我那时才一两岁,调皮捣蛋,上蹿下跳,结果一头摔在煤油灯上。后来母亲告诉我,当时父亲二话不说,抱起我就送医院。为了抄近路,来不及穿鞋的父亲,光着脚在铁路上跑,两只脚全都磨破了。父亲却一声不吭,直到我伤口处理完毕,又把我抱回家。

这样的故事,我们三兄弟每人都能讲出很多。在父亲和母亲的关爱呵护下,我们长大成人,羽翼丰满,各奔东西。但无论是实现理想,还是外出谋生,父亲和母亲都尊重我们自己的选择。1965年高中毕业,我"意气风发,斗志昂扬",唱着红歌进新疆。父母亲虽然舍不得,却没有说半句反对的话,只是默默为我收拾行李,然后千叮咛万嘱咐:到了兵团,好好干,多写信。

现在回忆起来,父母亲慈爱的眼光,何曾片刻离开他们的儿子,只不过从不溢于言表而已。20世纪90年代初,家里没有电话,更没有手机。有一次,因为有急事要通知,父亲竟然坐公交车到武汉大学去找我。碰巧我有事外出,父亲便在宿舍门口的台阶上,坐等了3个小时。

这同样是讲不完的故事。实际上,就连父母亲自己,也记不住他们给了子孙多少爱。但儿孙的些许回报,他们都记得清清楚楚。我女儿9岁时,用她所得的第一笔稿费,给爷爷买了一个放大镜。这个放大镜,父亲一直在使用。他常说:我有三个好儿子,三个好儿媳,三个好孙子。

我是"九好老人"。再加上重外孙女,真是十全十美,一生无憾!

　　树欲静而风不止,子欲养而亲不待,这是人生的两大无奈。现在,父亲已经飘然回到先走一步的母亲身边。那里,应该是一个没有纷争也没有烦恼的清凉世界。我们迟早也会到那里去,但此刻,则仍将一步一个脚印地走在人世,以期不辜负他们的深情和厚望。

2013 年 3 月

前　言 //

——父亲的思想

2011年8月19日，父亲驾鹤西去，桌边留下厚厚两叠书稿。哥哥中天和弟弟工城一致认为，由我整理书稿较为合适。面对父亲用毕生心血和最后生命完成的手稿，我觉得沉甸甸的。"资金运动会计理论"对于我确实不陌生。小时候，天天可见父亲用玻璃管和纸盒子做成的"复式记账仪"；大学读研，更是"庭训"常"在耳边"；在外地工作后，每次回汉探望父母，第一件事就是和父亲讨论"资金运动会计理论"。今日想起，历历在目。

父亲在学术道路上是一位执著的挑战者和批评者，他的批判精神贯穿始终，只要他认定的真理，都会义无反顾、坚持到底，不惜孤独前行。20世纪50年代，全国人民学苏联，各行各业学苏联，会计学界也不例外，也要学习"苏联老大哥"。父亲在学习、吸收苏联会计学教程合理部分的同时，则毫不留情地批判苏联会计理论中的"平衡论"。改革开放之后，学术界掀起学美高潮，主张照搬美国会计体系的呼声一浪高过一浪，父亲又一次举起批判大旗，坚决反对全盘"美"化，主张批判式地学习吸收。

父亲的执著，不仅给我们留下很深的印象，也留下不少的疑惑。在整理这本充满着父亲执著求真精神的书稿过程中，我思考了许久许久，对父亲的思想有所理解，不妨抛砖引玉，供读者参考。

一、"道"与"术"

记得我和哥哥初次整理父亲的书稿时,哥哥突然指着书稿中的一页发问:"会计是科学吗?"我没有回答。说实在话,我对这个问题也很纠结。记得在校读书时,无人质疑会计是不是科学。因为不论是上课,还是学术会议,都会讨论有关会计的"是什么"和"为什么"。毕业实习,去了会计师事务所,开始实务操作。每天面临着"做什么"和"怎么做",渐渐觉得会计是一门技术。当时有位很聪明的同学,提出"会计理论和实务"的概念,希望从理论和实务两个方面去研究会计,得到大家的认同。

会计是"科学"还是"技术"? 即,是"道"还是"术"? 张连起先生在他的《中国会计的道、术之思》一文中,做了非常有趣的思辨,"会计好像是一个匠人的作坊,在这个作坊中,一个人学习各种知识技能,是为了自己的时空而创造性地获得'道'的准备。"他认为当下会计界"术"太多而"道"太少,必须通过"明道"而"优术"。也就是说,会计"术"中有"道"。作为会计研究则应从会计技术中发现科学规律,再用科学规律指导会计技术进步。会计界的老前辈潘序伦先生对会计的理解,也经历过从"技术"到"科学"的转变,其道理也在其中。

我们的美国同行,多半把会计视为"技术"研究。布雷顿森林体系崩溃之后,国际金融市场发生巨变,投机和套利风靡金融市场,历史成本原则备受责难。20世纪90年代,在美国证券交易委员会时任主席理查德·C·布雷登的倡导下。美国会计师们开始了会计的"计量革命",发明了"公允价值计量"工具。有趣的是,会计界沉浸在"会计计量技术革命"的喜悦和兴奋之中仅仅十几年的时间,美国爆发了由次贷引发的金融危机。该国政要和金融精英认为公允价值会计准则是本次金融危机的"元凶"。其理由是,它放大了金融市场的不稳定,剑指会计。

不论会计师们怎么辩解，2008 年 10 月 3 日，美国国会通过了《2008 年紧急稳定经济法》。要求美国证券委员会在 90 天内完成关于是否取消或暂停公允价值的研究，认定会计准则的公允价值计量与金融危机有关。此后不久，美国财务会计准则委员会被迫修改和调整了会计准则体系。

这是父亲最不愿看到的悲剧。会计不仅成了华尔街金融家涂鸦之工具，还成为他们谎言破灭的替罪羊。所以，父亲在他的书稿的第一章，就亮出"会计是科学"的大旗。他要正本清源，他要明道正术。他要在后续章节里，还原会计计量和控制的本质。

二、"本"与"末"

父亲从 20 世纪 50 年代就批判"平衡论"，几十年下来，不依不饶，非批倒批臭不可。对"平衡论"的批判也成为本书中一条非常重要的主线，这是为何？他认为"平衡论"会模糊会计核算过程中的轨迹，从而导致无法真实反映和揭示企业经营本质，最终导致会计信息的相关性消失。

父亲与"平衡论"的论战，起于借贷复式记账原理。凡初学会计都必背"有借必有贷，借贷必相等"和"资产＝负债＋所有者权益"的公式。由于账户性质不同，借贷符号所表示的数量增减方向也不同，有时借方表示数量的增加，有时借方表示数量的减少。初学者无不感到一头雾水，困惑不已。作为"平衡论"的教学方法，则如利特尔顿在所著《会计理论结构》一书中所写的，"我们别无他法，只好接受它并且记住它的下列加减法则……"这种传统的教学方法，是以静态报表和方程等式为出发点，以代数正负法则定借贷。父亲称为"等式说"、"静态论"和"平衡论"。他认为此学说坚持二元思维，倒因为果，见表不见里，见末不见本，必须扬弃。在会计实务中，有不少同仁大概是受"平衡论"的影响，从业多年，每逢财务决算，凑平账表完事，实为悲哀。

借贷复式记账法起源于 13 世纪佛罗伦萨贷金业账簿，完成于 15 世纪威尼斯商人账簿。上天通过这个账簿，为人类从事商业活动降临了一个奇妙的记账方法——借贷复式记账法。此法早已成为国际通用商业语言的"基本语法"。500 多年，无人能够改变其基本法则，动摇其江湖地位。近半个世纪，有不少人苦苦探寻更好的记账方法，如收付记账法、增减记账法、三式簿记等，都无功而返。借贷复式记账法能有如此奇妙的神功，完全缘于在这个简单的记账方法中，蕴含着不二法门和因果律公理。它用借贷符号去记载每项商业活动的一体两面（一体是"本"，两面是"末"），来揭示每项商业活动因何而起，终成何果，从而清晰描述商业活动的运动轨迹，精妙无比。

父亲正是发现，正确认识借贷记账法的科学原理，就可以揭示商业活动因果规律，就可以实现会计核算的本质目的。他用"贷借"替换"借贷"，用"可逆方程式"替换"恒等方程式"，提出"矢量"分录的概念，创立"资金运动论"贷借复式记账原理。并把此原理列为本书的第一章，以"可逆方程式，'来→用'贷借原理"为标题，以"——开创'创新劳动会计'第一基础"为副标题。作为他论述"资金运动会计理论"和"创新劳动会计"的逻辑起点，称为其理论的"第二源头"，作为本书改革会计技术的基石。从会计专有名词到德日会计理论，从主要业务的核算到特殊账户的设置，并专篇说明"运动论"和"平衡论"的根本分歧（前者探"本"，后者看"末"）。

本书常用"价值"、"使用价值"、"交换价值"、"剩余价值"等政治经济学的名词，透析会计理论，阐述父亲的会计思想，这也让不少业内人士费解。记得一次回汉探父，家中已坐满年轻的大学生，父亲正兴致勃勃地讲他的"资金运动会计理论"，一位女生发问："老师，您好像在讲政治经济学，而不是讲会计学。"沉寂片刻，父亲笑语："会计的本质是什么?"

　　"货币计量"是会计的基本准则之一。会计工作以此而起,贯穿始终。也就是说,企业经营活动所涉及的任何"东西"都必须先换算成"钱",以"钱"为计量单位记账、算账、报账,反映企业的财务状况和经营成果。"钱"是什么? 陈志武先生在其一本著作中描述,"简单讲,'钱'主要是一种货币的概念,流动性最好,可直接用于交换,并同时又是市场交换的结果,是具有最普遍接受性的价值载体。钱既可以是纸币,也可以为东西,比如金银、丝绸,只要大家都认就行。"换言之,"钱"过去是"东西",金本位取消后,钱基本上就不是"东西"。钱本身基本上没有什么用,它无法从本质上改善人的生活质量。但进行价值交换时,钱就变得很有用,并无比的好用,是最易接收的价值载体。"钱"可显示和象征财富,但绝不是人类生活本质所需的财富。正是钱的这种特性,使它荣登资产负债表中的资产类榜首,其他资产以变"钱"的容易度,即变现能力,依次排序。会计工作沉浸于"货币计量"的算术之中,淡忘"钱"后面的"物",或者说价值(准确应称交换价值)后面的使用价值。已成为会计信息相关性消失的主要成因之一。不少企业的管理报告都增设非财务指标,以补信息不足。

　　稻盛和夫先生在50多年前创办京瓷公司时,作为一位技术出身的经营者,十分关注会计信息。但每次向财务部长的咨询,都无法令他满意。他不得不和他的财务部长激烈争论,最终说服了财务部长,在京瓷公司建立"为经营服务""追求本质"的会计体系。

　　父亲始终认为,一切经济活动都是价值和使用价值矛盾运动的过程。他于是在"会计是科学"的中间加上一个很长的定语,即会计是"从价值角度综合核算与控制各种使用价值再生产"的科学,作为他对会计的定义。希望会计工作者既看到价值运动的表象,又看到使用价值运动的本质。那么价值和使用价值的辩证关系就贯穿全书,成为他的"资金运动会计理论"的灵魂,称为其理论的第一源头。

追求事物的本质,用智慧超越传统,穿越商品经济的迷雾,到达真理的彼岸,这是父亲的学术精神。这本书中多处以挑战传统和透视概念的姿态,从经济本质思考会计理论,改革会计技术。如第二章成本计算的"三大观点"和第三章成本与收入的产前产中控制,都是比较典型的章节。父亲认为,只有抓住企业经营本质,才能"把会计人员培养为'诸葛亮'"。而对这个"诸葛亮"有很高的要求。他不仅能为企业创造效益,为企业经营者提供像"三国策"那样高水准的企业战略。他还要关注社会的公平和正义,用会计核算披露社会公平。父亲特意把此版书稿的副标题,从第三版的"——新战略会计学",改为"——创新劳动会计"。

三、公平与效率

近百年来,公平与效率总是撞车,而且撞得厉害。20世纪,人类做了两次大实验。一次发生在20世纪20～30年代,苏联以公平优先的原则,建立计划经济发展模式,向整个社会主义阵营推行,1989—1992年,东欧剧变、苏联解体,宣告此次实验失败;另一次发生在20世纪70～80年代,由里根、撒切尔夫人推动的新自由经济潮流,倡导效率优先,2008年,美国爆发金融危机,宣告此次实验失败。似乎,有了公平就没了效率,有了效率就没了公平。

其实不然,就拿眼前的金融危机来说。危机虽然远未过去,但谁都知道是虚拟经济惹的祸。正如许多金融学家所标榜的,美国从独立建国到称霸全球,每次危机的安然度过,都得益金融三板斧,即举债、印钞和汇率战。俗话说得好,"榜样的力量是无穷的"。美国的"成功经验",在欧洲发酵。老牌帝国主义——英国,率先"退二进三",产业金融化,冰岛、爱尔兰等"小兄弟"随后跟进。"成也萧何败也萧何"。美国的金融危机迅速蔓延到这些产业金融化的国家，像多米诺骨牌一样，一个接一个倒下。美国人可以借世界人民的钱消费！咱希腊人就不可以借欧洲人的钱，少干活，多拿钱，过好日子吗？希腊问题已成欧盟政要的心病。此次金融危机，说白了，就是金融家设计的零和博弈游戏玩砸了。"忽悠"加投机导致不公，最后效率消失，自由经济体系崩溃。游戏玩砸了，大国撒泼，小国耍赖，诚实、善良的世界人民遭殃。

正是如此，当今不少有识之士，把目光投向德国和北欧诸国。思考社会市场经济发展模式，兼容公平与效率；思考如何用"看得见的手"管住"看不见的手"，提出"去虚进实"的改革口号。父亲则以会计学家的角度，思考公平与效率的兼容。他认为，最好的办法就是"君子爱财，取之有道"，让利润"流着道德的血液"，找到真正财富的源泉。从而，提出建立"创新劳动会计学"的构想。

"创新劳动会计学"的理论架构，可归纳为一个概念两大理论。一个概念，"创新劳动"，解决财富源泉，确定核算目标，即算什么？两大理论，"利润分块"和"两步分配"，解决源泉在哪里，源泉的可持续性，确定核算方法和分配方法，即怎么算？怎么分？其内容写入本书第四章。

父亲，是马克思主义的忠实信徒，他把马克思劳动价值论，视为创立资金运动会计理论的第一源头；同样，父亲还是李嘉图的铁杆粉丝，笃信其名言，即"真正的财富在于用尽量少的价值创造出尽量多的使用价值"。

正是如此，热爱劳动，倡导节约，就是父亲的人生准则。他一生无嗜好，少娱乐。常以工作为乐、劳作为乐。而唯一的娱乐，就是旧物改造。在他身边必有剪刀、糨糊、绳子、旧纸、旧布等物。每次旧物改造成功，都会手舞足蹈，找人分享快乐。记得一次，我为了说服老人家更新家中旧物，笑称"刺激消费"。谁知遭到父亲严厉的训斥，"胡说，这不是消费，而是浪费"。

有趣的是,学术界的三件事。让执著于旧物改造的父亲,从"消费节约"到"伟大的节约",从"劳动"到"创新劳动",思想发生巨大转变。第一件事是20世纪70年代,从美国传入我国的"价值工程"。这种在产品设计中,通过对产品的功能与成本的比较,而产生最佳设计方案的思想,开始改变父亲的"节约"观。第二件事是1987年,由约翰逊和卡普兰两位美国管理会计学教授合著的《相关性消失——管理会计的兴衰》一书出版。书中介绍了日本的全面质量管理与及时生产系统对传统管理会计观念的颠覆和挑战,揭示管理革命会使生产节约的方式发生根本性转变。第三件事是日本占部都美教授所著《成本降低战略》。此书把利用新知识、新技术、新视野,去发现大损失的节约行为,称为"伟大的节约"。父亲就是从这个"伟大的节约"中,认识到"伟大的内涵增产",认识到"创新劳动"才是创造真正财富的源泉。

"利润分块"理论。父亲早在创立"资金运动论"贷借记账原理之初,就十分关注利润的源头。他认为,"平衡论"十分严重的错误,是无法说明"销售"账户的设置与利润来源的核算。误认利润来源于"贱买贵卖",歪曲利润来源。他始终认为,"利润是创造于生产过程,而实现于等价交换的销售过程"。从而由"资金运动论"贷借记账原理跃升为"利润分块"理论。

"利润分块"并非奇思怪想。除了本书所著,如政治经济学把利润分为平均利润和超额利润,股份有限公司设计优先股和普通股,西方大型企业早已推行的"经济增加值(EVA)"管理模式等,均体现了"利润分块"的思想。税收部门针对某些特殊商品因价格异动而获利,征收某种特殊税(如土地增值税、资源税等),也是"利润分块"理论的佐证。精明的经营者和投资者,都会通过对利润的细分,辨分偶得利润和可持续发展利润。

父亲的利润分块理论就是在这些理论基础上,通过会计技术,运用差异比较方法,创立收入分块、成本分块、利润分块的核算办法。凸显生产、经营过程中每个价值环节的创新劳动成果,实现对创新劳动价值的核算。

"两步分配"理论,即"两步按资分配,两步按劳分配"。

第一步,通过对平均利润和必要劳动的分配,实现对资本和劳动两要素投入回报的基本分配;第二步,是对超额利润的分配,将"创新劳动剩余价值"大部分奖励有功的"创新人才"。"两步分配"理论是"利润分块"理论的延伸和发展,是针对"一步分配"的缺陷和问题而提出的。"利润分块"是"两步分配"的基础,"两步分配"是"利润分块"的收官。两者相互交叉和融合,挤去投机利润,彰显创新劳动利润,实现公平和效率的统一。

早在1912年,熊彼特在其成名作《经济发展理论》一书中,提出创新的概念,论证技术革新和管理变革对经济发展的贡献。百年来,激励创新的制度不断涌现,如美国发达的股票交易和股权融资市场,催生了一批创新企业,如微软、百度、思科等,并促使它们大力发展。但是,"创新劳动"作为名词被提出并引起学术界关注,应该是近几年的事情。2011年4月28日,社会学家艾君发表《时代需要创新劳动》论文。2011年5月1日,人民日报发表社论《勤奋劳动、诚实劳动、创新劳动》。由此可见,把"创新劳动"(通过新技术、新知识、新思维,高效提升劳动效率,产出超值社会财富的劳动),作为人类财富的源泉,已被社会认同。回顾此次金融危机的成因之一,金融衍生品的"创新"。那么,"创新劳动"概念的提出,并区别于"创新"的概念,在当今有着非常特殊的意义。

当今理论界,对"创新"与"投机"的认识,尚有很大分歧。

美国耶鲁大学金融经济学教授陈志武先生,在他所著《金融的逻辑》一书中,强调"投机"是"各种技术创新的原动力","是所有资本主义的精神","是财富创造的必要动力"。在金融学家的眼里,"创新"与"投机"有着必然联系。

而以科技创新起步,并创立两家世界500强企业,京都特殊陶瓷株式会社和第二电话电信企划株式会社创始人稻盛和夫先生,则坚决反对投机。在他所著《稻盛和夫实学——经营和会计》一书写道:"所谓投机,又被叫做'零和博弈',基本上是在别人的牺牲之上获得利益。所以,即使投机获得利益也并没有为社会创造出新的价值。真正的经济价值,即对人类、对社会有正面作用的价值,是不可能通过投机活动增加的。"他认为,"资本主义社会并不是为了利益可以不择手段的社会,而是以所有人都严守社会正义为前提建筑起来的社会。只有遵守严格的道德观念,资本主义体系才能正常发挥功能运作。"他坚持,"企业的使命是靠自由的、富创意的活动创造新的价值,为人类社会的进步发展作出贡献。"他把这些活动成果,叫做"汗水换来的利润。"并认为"这才是企业应该追求的真正利润。"稻盛和夫先生坚信,真正的"创新"一定建立在勤奋劳动和诚实劳动的基础上。

从父亲所留下的信函和文稿看,他对稻盛和夫先生知之甚少,或许根本不知道,但他们的思想极其相近,"投机不是财富的源泉"。本书,虽没专文批评"投机",但多次指出"贱买贵卖"不是财富源泉。在本书第三章,提出"市场—科技—低耗高产优质—超额利润"的竞争道路。反对"涨价增利"的"发虚财",更反对"采用不正当手段而获得利润"的"发横财"。提倡"开展科技竞争",实现创新劳动利润。为了严格区分"投机"、"创新"和"创新劳动",父亲始终强调"创新劳动"而不是"创新"。因为,"投机"与"创新劳动"从起心动念就有区别,前者是"专利己,不利人",后者是"先利人,后利己"。一切从人类根本利益出发,反对浪费,反对投机,鼓励劳动,倡导创新劳动,才是父亲所有理论最根本的出发点。

会计学是科学,也应该是科学。是揭示企业经营本质的科学,是寻找人类财富源泉的科学，是使勤奋劳动、诚实劳动、创新劳动蔚然成风的科学，是实现公平与效率统一的科学，是追求社会和谐和进步的科学。这是父亲的理想，也是人类的希望。父亲的思想，就是这样，始于会计学，走过经济学，跨入发展学。

　　本书的英文目录，由易海思同学翻译。此外，本书书稿打印工作大部分由张俊青同学完成，在此鸣谢。

2013 年 3 月

目 录 //

下篇　资金运动会计理论的两个源头
Part II　Two sources of Funds Movement Accounting Theory

上篇 资金运动会计理论纲要

第一章 可逆方程式，"来→用" 贷借原理

——开创"创新劳动会计"第一基础

借贷记账法，是科学的，必须继承。

我们要根据客观存在的企业资金运动的规律，概括出"可逆方程式"如下：

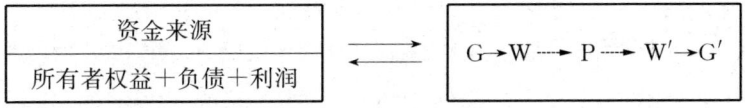

整个方程式呈现"运动"的观念，每发生一项经营活动，都要作成一笔"来（贷）→用（借）"矢量分录，以便说明其资金"来"于何处，是否"来"得合理，又"用"于何处，是否"用"得恰当。

"可逆方程式"的最大优点是包括了 $W' \to G'$ 环节，能确切说明"销售"账户的设置和利润来源的核算。

"等式说"是根据"资产负债表"左右平衡关系，概括出"资产＝资本＋负债"恒等式，机械地说明"借贷复式记账原理"。其最大缺陷是无法说明"销售"账户的设置，无法说明"利润"的真实来源。

将"先借后贷"的"标量"分录，改为"来（贷）→用（借）"的"矢量"分录，每笔分录中，都凝结着和蕴藏着优秀人才的"创新劳动剩余价值"，是开创"创新劳动会计"的第一基础。

第一节 几个会计专业名词的解释

一、资金(资本)

"资金"是价值与使用价值的统一体。

天空中的氧气,江河湖泊中的水,都是人类生存极为重要的"资源",但它们没有经过人工劳动,没有"价值",不是"资金"的消费。

医院给病人输氧,居民用的自来水,都是经过人工劳动生产出来的,都是"资金"的消费,所以要向病人收药费,向用户收水费。

二、资金运动

在企业、事业、政府机关的经济活动中,每当某一使用价值的"价值"统一于另一"使用价值"时,就形成一项相对静止的"资金运动"。

例如,购料业务,是黄金使用价值的"价值"统一于某种材料的"使用价值","货币资金"就转化为"储备资金"。这里存在"价廉物美"或"价高质低"的问题。

又如,国家投资开办工厂,存在投资者拥有什么"权益"(无形使用价值)与企业获得若干"货币资金"(黄金使用价值的价值)的矛盾。一旦决定发行普通股优先股各若干,就形成一项"资金流入某公司"的运动。这里存在投资决策是否正确的问题。

有的同志把"资金运动"仅仅理解为"价值运动",很不恰当,"皮(各种使用价值)之不存,毛(价值)将焉附?"

三、会计

会计是"从价值角度综合核算与控制各种使用价值再生产"的科学。

（一）算什么

算各种"使用价值"的生产、交换、分配、消费。

（二）怎样算

按生产各种使用价值（劳动产品）所花费的"价值"（一般的无差别的人类劳动时间）进行综合核算。

在企业、事业、政府机关的经济活动中，处处存在"价值与使用价值矛盾"，每进行一项经济活动，要提出几种先进的科技与管理方案，预测选优。一旦按某一方案实施，则某一使用价值的"价值"就统一于另一"使用价值"而形成一项相对静止的"资金运动"时，就要将其价值从某一使用价值账户的贷方转入另一使用价值账户的借方；同时，在明细账中详细记载各个有形或无形使用价值的"质量"与"数量"，以便考查各种经营活动是否"用尽量少的价值创造出尽量多的使用价值"（李嘉图）。

（三）怎样控制

要把会计人员由过去的"账房先生"，培育为千千万万的"诸葛亮"，辅助企业经理或事业及政府的高层管理公务员，在筹建新企业或老企业扩建、改建，老产品改造，新产品开发，及至经营过程每一细节中，都要从整个国民经济协调发展的角度，根据市场竞争各方面信息，运筹帷幄，团结全员，努力创新科技与管理方法，搞好"基本建设"，合理配置资源，不断提高生产力，保证每个企业欣欣向荣，保证整个国民经济欣欣向荣。

如果单从本地区本部门孤立地进行预测与决策，就容易造成盲目建设、重复建设、投资过热等问题。

四、新会计定义才抓住了本质

"会计是从价值角度综合核算与控制各种使用价值再生产的科学"，这一新的会计定义，可称为"价值与使用价值矛盾论"要求人们在再生产各个环节中,都从整个国民经济协调发展的高度,正确处理这对矛盾。

五、过去会计定义的缺陷

长期以来,国内外会计学界,给会计下了很多定义,标志着人们对会计这门科学的认识,越来越深刻,但从总的方面来看,尚未认清会计的本质。

1. 技术论

"会计是对交易进行记录、分类、汇总,并对其结果加以解释的技术"。但没有说明"交易"是对各种"使用价值"进行"等价"交换的问题。

或者认为"会计用货币计价形式,对企业、机关或事业单位的经济活动,进行连续地、系统地、全面地、综合地反映与监督的方法"。也没有强调"使用价值"的反映与监督问题。

2. "记、算、报、用"论

会计是"记账、算账、报账、用账"的方法。

乍看,这一会计定义,很动听;但仔细剖析,只有"价值账"概念,没有强调"使用价值账",使人失望。

3. 信息系统论、管理活动论

"信息系统论"与"管理活动论"。诚然是对"会计本质"认识的一个飞跃。但大都只重视"价值"的信息与管理,忽略了"使用价值"的信息与管理,特别是忽略了"价值与使用价值矛盾"的信息与管理,显得美中不足。

第二节 借鉴德、日会计理论

一、德国巴比"资本循环说"简介

第二次世界大战以前,德国的巴比(Pape)首创"资本循环说"(动态论)。

他认为各企业营业资本的运动方式有四：

一是向企业内部流入者为"向心运动"（如投资、借款、销售收入等），是从资本来源系统流向资本形态系统，故其记账方法，必为资本来源系统下某一账户的"出"（贷），与资本形态系下某一账户的"入"（借）。

二是在企业内部流动者为"圆心循环运动"（如货币资本转变为商品资本等），其记账方法，必为资本形态系统下某一账户的"出"（贷），与另一账户的"入"（借）。

三是从企业内部向外流出者为"离心运动"（如减资、还债、销售成本等），其记账方法，必为资本形态系统下某一账户的"出"（贷），与资本来源系统下某个账户的"入"（借）。

四是在企业界限上流动者为"圆周运动"（如本期利润转作资本等），其记账方法，必为来源系统下某一账户的"出"（贷），与另一账户的"入"（借）。

可图 1-1 所示。

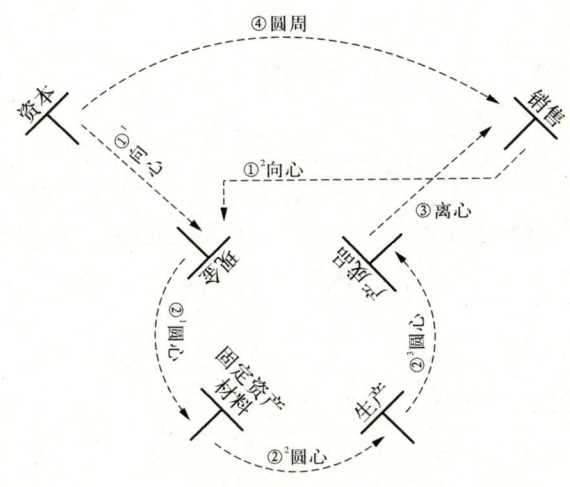

图 1-1　巴比的四种资本运动

这一会计理论非常好,可惜仅昙花一现,鲜为人知。我们要把它挖掘出来,以供借鉴。

二、"双重计算损益"理论

德国莱脑和日本太田哲三提倡的"双重计算损益"理论,也很好。

现在,我们可举六笔主要经济业务:① 投资;② 借款;③ 购买设备及材料进行生产;④ 销售成本;⑤ 销售收入;⑥ 还款。图解如图 1-2 所示。

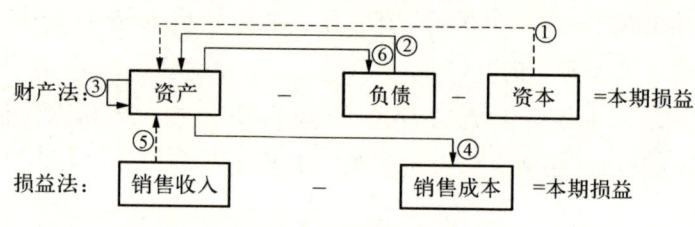

图 1-2　双重计算损益

第三节　会计研究起点

一、"会计研究起点论"的重要性

会计研究起点论(The Theories of Accounting Start-point),是十分重要的问题。研究会计理论的起点正确,则一路顺风;否则,坎坷难行。

二、要坚持"会计对象起点论"

企业再生产过程,处处存在价值与使用价值矛盾。每进行一项经营活动,开始时,价值与使用价值总是对立的;所以要提出几种先进的科技或管理方案，预测选优。一旦按某一方案执行，则某一使用价值的价值，就统一于另一使用价值，而形成一项相对静止的"资金运动"。

这个客观存在的会计对象，才是研究借贷复式记账方法与理论的逻辑起点。

三、会计对象的科学概括——可逆方程式

国有企业的"资金来源"有三：一是国家投资；二是银行借款与应付货款；三是活劳动新创造的"必要价值"（应付工资）与"剩余价值"（利润）。企业在生产过程中，资金沿着 $G \rightarrow W \rightarrow P \rightarrow W' \rightarrow G'$ 的轨道，不断地循环周转。在资金循环周转过程中，又有资金流入企业与退出企业。

这个客观存在的会计对象，可概括如图 1-3 所示。

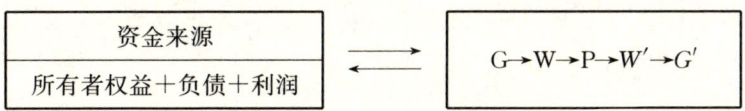

图 1-3　资金运动规律图

类似化学反应中的"可逆反应方程式"。

四、账户体系

要在上述会计对象（图 1-3 所示的可逆方程式）的各个"关卡"处，设置"T"形账户。在资金来源方面设置"股本"、"银行借款"、"应付货款"、"应付工资"和"本年利润"等无形"使用价值"账户；资金循环方面，设置"银行存款"、"固定资产"、"材料"、"生产"、"产成品"、"销售成本"、"销售收入"等账户。

每一账户，右方为"贷"，应理解为资金运动"起点"所表现的经济现象（资金从何处"来"）；左方为"借"，应理解为资金运动"终点"所表现的经济现象（资金"用"于何处）。

因此,"账户"可理解为,装有"出口"与"入口"的计量器。

在生产过程中,每一账户都有一定的性质和地位,相互依存,是一个有机整体,而不是杂乱无章的,故称"账户体系"。

五、"来→用"贷借原理

在企业再生产过程中,每当价值与使用价值由对立而统一,形成一项相对静止的"资金运动"时,就要将其"价值"从某一有形或无形使用价值账户(或经营过程账户)贷方,转入另一"使用价值"账户(或经营过程账户)借方。

例如,购入材料 300 万元,是由"货币资金"(G)转化为"储备资金"(W),所以要将 300 万元,从"银行存款"账户贷方,转入"材料"账户借方。

又如,生产领用材料 200 万元,是由"储备资金"(W)流入"生产过程"(P),所以要将 200 万元,从"材料"账户贷方,转入"生产"账户借方。

六、账户又是连接相关资金运动的纽带

每一账户又是连接前后两项相关资金运动的纽带,例如,上述材料账户,借方记载"购料"运动终点所表现的经济现象,贷方记载"用料"运动起点所表现的经济现象,就把两项相关的资金运动连接起来,形成不断的流(从购料过程流向用料过程)。如图 1-4 所示(单位:万元)。

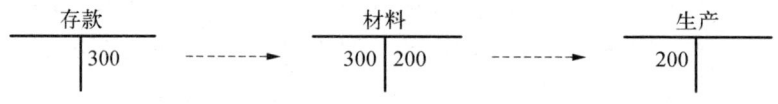

图 1-4 购料与用料运动的连接

七、再生产过程资金运动的和盘托出

企业的日常经营活动,虽然纷繁杂乱,但将其在有机构成的账户体

系中,作成一笔笔"从贷到借"("来"于何处,"用"于何处)的分录,那么,期末结账时,就能将整个再生产过程中的资金运动和盘托出。如图1-5所示(单位:万元)。

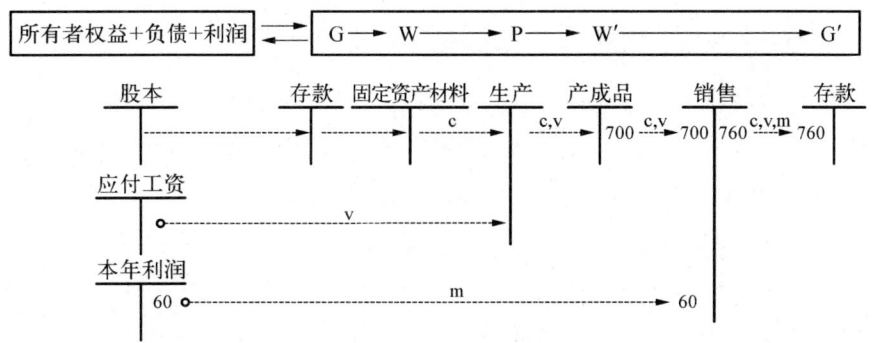

图1-5 资金运动和盘托出

图1-5清晰地反映了企业再生产过程中,资金由股本账户贷方流入存款账户借方;由存款账户贷方流入固定资产与材料账户借方;由固定资产、材料、应付工资账户贷方流入生产账户借方;由生产账户贷方流入产成品账户借方;由产成品与利润账户贷方流入销售账户借方。

图1-5中有关业务记录还可进一步说明如下:

(1)投资开办企业,是再分配过程中的资金运动,从整个社会来看,是"流"不是"源"所以只能用——→表示。

(2)企业的应付工资,是活劳动新创造的"必要价值"(v 必要产品),是初次分配,是真正的"源"故用o——→表示。

(3)企业的利润,是活劳动新创造的"剩余价值"(m 剩余产品),也是初次分配。它有一个特点,即"创造于生产过程,而实现于等价交换的销售过程",因此,只能在期末将"销售成本"(c+v 个别价值),跟"销售收入"(c+v+m 社会平均价值)配比,才能求出在销售过程实现的"利润"(m),才可溯源于"本年利润"账户的贷方。"溯源"者,逆流而上,探索其"发源地"也;因此,其资金运动方向,是从"本年利润"账户贷方,经过生产过程,进入"销售"账户借方。这也是真正的"源",也要用 ○┈┈▶ 表示。

八、"矢量"分录观念的提出

易中胜把物理学中关于"标量"与"矢量"的概念引入会计学。

他认为"资金运动论"贷借原理,是根据各企业在再生产四个环节中,每当价值与使用价值由对立到统一而形成一项相对静止的"资金运动"时,才将其"价值"由某一"使用价值"(或经营过程)账户贷方,转入另一使用价值(或经营过程)账户借方。这种"从贷到借"(从"起点"到"终点")的分录,应称为"矢量"分录。它真实地反映了客观资金运动,符合唯物辩证法(关于"等式说"所作"先借后贷"的分录,则是"标量"分录,详见后文)。

由此可知,"矢量"分录与"标量"分录的区分非常重要。

九、新的会计理论体系的形成

"资金运动论"贷借复式记账原理,是根据客观会计对象(再生产过程中的资金运动)说明账户设置与复式记账原理,然后根据账户记录编制资产负债表、利润表、成本表、现金流量表等会计报表。

这时就形成了科学的"会计对象—复式记账—会计报表"理论体系。

"可逆方程式"的最大优点,是包括了 $W' \rightarrow G'$ 环节,能确切地说明"销售"账户的设置与核算,"借方"登记"产品销售成本"($c+v$ 个别价值),"贷方"登记"产品销售收入"($c+v+m$ 社会平均价值),双方"配比",就能求出在销售过程实现的"利润"(m)。

这就促使每一企业的员工,在筹资、购建、生产、销售等经营过程中,都从整个国民经济协调发展的高度,精打细算,不断引进或创造新的科学技术与管理方法，不断降低产品单位成本，提高产品单位售价，实现更多利润（剩余价值）。

十、表达"来→用"贷借原理

在再生产过程中，每笔业务记录都是从某一账户"贷方"（"来"于何处），转入另一账户"借方"（"用"于何处）。

因此，我们可根据这种"矢量"分录，表达"来→用"贷借原理。它通俗易懂，生动形象！

第四节　几项主要业务的核算
——把会计人员培养成"诸葛亮"

根据英国古典经济学家李嘉图的名言"真正的财富在于用尽量少的价值创造出尽量多的使用价值"，上述"资金运动论"贷借原理，还应进一步发展为"价值与使用价值矛盾论"贷借原理。简述如下。

一、筹资过程的矛盾与核算

筹资过程，存在投资者拥有什么"权益"（无形使用价值）与企业获得若干货币资金的矛盾。

以股份有限公司来说，普通股股东，拥有出席股东大会权、选举权和被选举权、表决权（涉及公司经营方针、投资计划、年度预算和决算、利润分配或亏损弥补，以及公司合并、分立、解散和清算等重大问题的表决权）、分派盈余权（按法定程序分配权和红利分享权）、分派剩余财产权、审查年终账目权。

由于普通股每一股份有一份权益。因此，普通股东权益的大小，取决于拥有该公司股份份额的多少。国有企业则由"国资委"代表大股东行使职权。

优先股股东仅有优先按法定程序,分派盈利和分派剩余财产的权利,没有经营表决权和其他权利。但当公司盈利水平低时,首先分派优先股股利,风险小;普通股则分派较少股利,风险大。

这些"所有者权益"可理解为"无形使用价值"。

一旦决定发行普通股与优先股各若干,并得到股东认购,则一定的"所有者权益"(无形使用价值)的价值,就统一于一定的货币资金(代表一定黄金使用价值的价值),就形成一项相对静止的资金运动,就要作"贷:股本→借:银行存款"的"矢量"分录,并在股本明细账中,记载各股东认购的普通股或优先股各若干。

这里,凝结着筹资人员、大股东、经理辛勤劳动所创造的"创新劳动剩余价值"。筹资过程的核算,还可进一步说明如下。

1. 从财政部门与企业关系剖析

例如,国家投资 900 万元,开办某工厂,在财政部门的总预算会计中,要作"贷:国库存款 900→借:预算支出 900"的"矢量"分录,表示资金进入再分配过程,企业从再分配过程收入资金,作"贷:股本 900→借:银行存款 900"的"矢量"分录。如图 1-6 所示(单位:万元)。

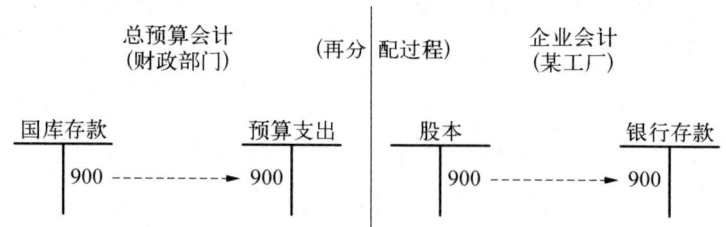

图 1-6 再分配过程的资金运动

"预算支出"账户借方 900 万元(终点)与"股本"账户贷方 900 万元(起点),反映再分配过程中资金的交接,正像一次"接力赛跑",就把两个会计主体的资金运动连接起来,形成不断的流。

2. 资金来源间变化的核算

资金来源之间的变化都应理解为"某种资金退出企业和另一种资金流入企业的转账"。例如,将大修理基金 40 万元,转作"更新改造基金"。实质上,是上交多余的大修理基金,然后将其下拨给企业,作为更新改造基金。如图 1-7 所示(单位：万元)。

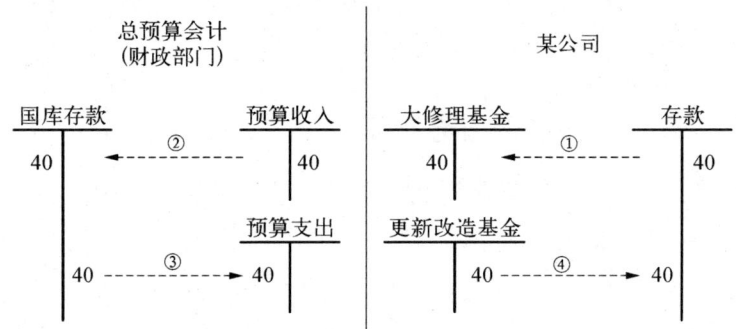

图 1-7 资金来源之间的变化

因此,"上交大修理基金"与"下拨更新改造基金"两笔业务的转账,应作成"贷：更新改造基金 40→借：大修理基金 40"的"矢量"分录。

二、基本建设过程的矛盾与核算

基本建设过程,存在"所费"各种支出与"所得"固定资产的矛盾。

基本建设工作,受地质、水文等自然条件和物质技术条件的严格制约,要进行周密的"可行性研究"。一旦决定在什么地方建筑一座什么工厂或农场,生产什么产品,则一定的"货币资金"就转化为一定的"固定资金",形成一项相对静止的资金运动,就要作"贷：银行存款等账户×××→借：固定资产×××"的"矢量"分录,并在固定资产明细账中详细记载各固定资产的规格与数量。

三、材料采购过程的矛盾与核算

材料采购过程中存在价格高低与材料质量（使用价值）好坏的矛盾。

一旦决定从某一企业购入材料若干元，就由"货币资金"（G）转化为"储备资金"（W），而形成一项相对静止的资金运动。就要将其"价值"从"银行存款"账户贷方，转入"材料"账户借方。

同时，在"材料明细账"中，登记每次购入材料的"品种、规格、数量、质量"以便考查每次购料是否"价廉物美"。

四、生产过程的矛盾与核算

生产过程中存在"所费"各种"料、工、费"使用价值的价值，与"所得"产品使用价值的矛盾。

生产人员要引进或创造新科技与管理方法，提出几种先进的生产方案，预测选优。

一旦按某一方案进行生产，则一定的料、工、费"使用价值"的价值，就统一于具有一定使用价值的"产品"中，就形成一项项相对静止的资金运动，就要作"矢量"分录如下：

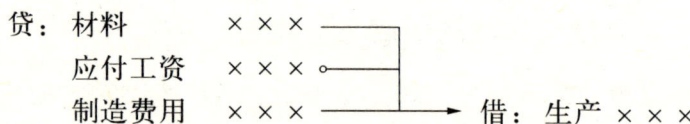

并在"成本计算单"（生产明细账）中，详细记载所生产的产品的"品名、规格、产量"，以便考查某一产品的生产，是否"所费"价值少，而"所得"使用价值多或优。

这里，凝结着优秀生产人员辛勤劳动所创造的"创新劳动剩余价值"。

五、销售过程的矛盾与核算

价值规律是千千万万"生产"同一产品（同一使用价值）的企业，其"c＋v＋m 个别价值"，不以人们意志为转移地转化为"c＋v＋m 社会平均价值"去交换的规律；还由于市场供求关系而产生"价格围绕价值上下波动"的"价格规律"，所以利润 m 虽然是生产过程中剩余劳动时间创造的，但要等产品销售才能确定其数额进行核算。

产品一旦销售后要作成三笔"矢量"分录：

（1）将产品成本（c＋v 个别价值的价格），从产成品账户的贷方转入销售账户（经营过程账户）的借方；

（2）按产品销售价格（c＋v＋m 社会平均价值的价格），从销售账户贷方转入银行存款账户的借方；

（3）销售成本（c＋v 个别价值的价格）与销售收入（c＋v＋m 社会平均价值的价格）"配比"才能求出在销售过程实现的利润 m，并且反映了价值规律所发生的差异与价格规律所发生的差异。所以，要将这些数额的代数和，从"本年利润"账户贷方，经过生产过程，进入"销售"账户借方，以结平销售账户。可举例如图 1－8 所示（单位：万元）。

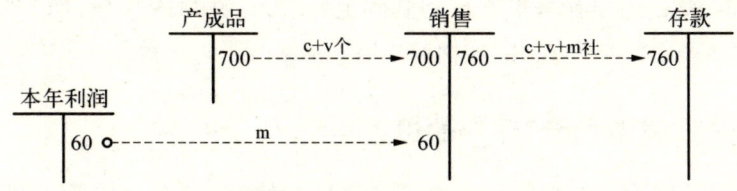

图 1－8　实现利润的"矢量"分录

把这三笔"矢量"分录连贯起来观察时，情况就更加清楚：一是产品成本（c＋v 个别价值的价格）700 万元，通过销售得到补偿，转化为"货币 G"；二是生产过程所创造的剩余价值（m）60 万元（反映了价值规律的差异与价格规律的差异），实现于销售过程转化为"更多货币 g"。泾渭分明，来龙去脉，一目了然。

图 1-8 中 ○━━►，表明工农企业"本年利润"账户贷方所记金额，是活劳动新创造的"剩余劳动价值 m"的来源，是真正的"源泉"。

上等企业实现的利润中，凝结着全厂优秀人才的"创新劳动剩余价值"；下等企业则发生亏损。

六、把会计人员培养成"诸葛亮"

要强调指出，只有在"价值与使用价值矛盾论贷借原理"熏陶下，才能把未来的会计人员培养成千千万万的"诸葛亮"，以便将来参加工作后，能辅助企业经理随时随地地正确处理再生产过程中"价值与使用价值矛盾"，把企业办得欣欣向荣。

第五节　特殊账户的设置

前已说明，"账户"是依据会计对象所体现的各种资金来源，各种资金形态以及供产销经营过程设置的；但为了满足管理上的要求，对于某些具体对象，还须在基本账户的基础上，设置一些特殊账户，如"调整账户"，"集合分配账户"，"跨期摊配账户"等等。

一、"材料购储"账户的设置

前面所说的材料采购业务，是从存款等账户贷方直接转入材料账户借方，但严格地说，材料的实际成本是由买价、采购费用（运到仓库前的运杂费、采购人员差旅费用、专设采购机构经费等）、储存费用（仓库经费）三部分构成。为了计算材料实际成本，须设置"材料购储"账户。如图 1-9 所示（单位：万元）。

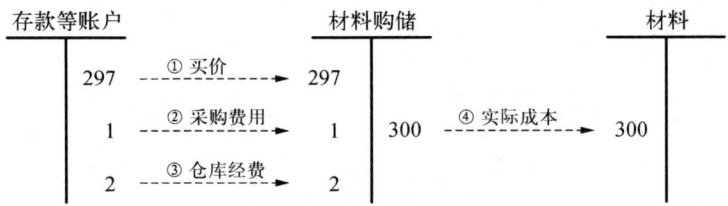

图 1-9　材料购储核算

在这种情况下，"材料购储"账户就是成本计算账户。

要强调指出，"材料购储"账户借方，不仅要登记买价与材料采购费用，而且要登记材料储存费用，这样，才便于从采购费用与储存费用互相消长的关系中找出购储成本最低的采购批量（一般称为"经济采购批量"）。

二、"材料购储差异"账户——补充或抵减账户

为了使材料能按计划购储成本进行日常核算，则除了设置"材料购储"这个成本计算账户外，还需设置一个"材料购储差异"补充或抵减账户。

在上例中，假设计划购储成本为 270 万元（小于实际成本），并假设领用购入数量的 2/3，则记录如图 1-10 所示（单位：万元）。

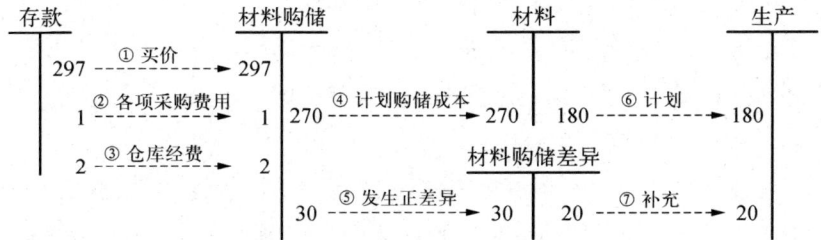

图 1-10　"材料购储差异"核算（上）

如果计划购储成本为 303 万元(大于实际成本),也假设领用购入数量的 2/3,则记录如图 1-11 所示(单位:万元)。

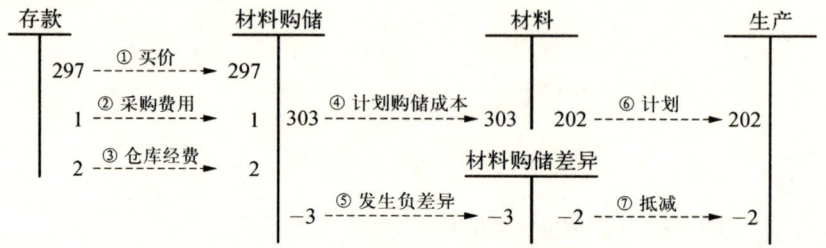

图 1-11 "材料购储差异"核算(下)

在这种情况下,"材料购储"账户仍然是成本计算账户,但又兼有计价对比账户的作用。"材料购储差异"则为调整账户。

三、"累计折旧"账户——资金运用备抵账户

"固定资产"账户借方登记固定资产原价,贷方本应登记每月的折旧额,以反映固定资产价值逐月磨损情况。但固定资产与材料不同,它参加一次生产后,无需任何补充,可参加多次生产。这就是说,固定资产的价值虽然逐渐磨损转移到产品成本中去,但是它的使用价值仍然一样直到报废后使用价值才消失。如果把折旧额记在固定资产账户的贷方,固定资产账户余额逐月减少,就不知原价若干,即不知与原价相适应的使用价值若干,不知原来的生产规模多大。

为此,实务上常常在固定资产账户贷方的下面,设置一个备抵调整"累计折旧"账户,把每月的折旧额登记在贷方,逐月累计。记录如图 1-12 所示(单位:万元)。

"累计折旧"账户不是资金来源账户,它是"固定资产"的备抵账户,代表固定资产的贷方记录,它们实际上是一个账户。但这样处理有如下优点:

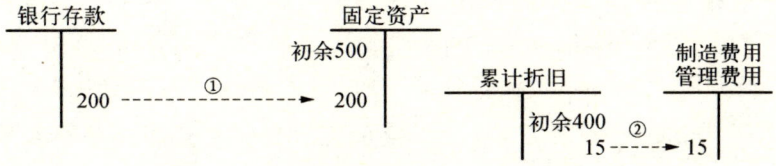

图 1－12 "累计折旧"账户

（1）"固定资产"账户借方保存了原价,便于考查生产规模。

（2）"折旧"账户贷方累计了折旧额,便于考查新旧程度。

（3）在报表中,两账户余额相减,又可求出折余价值。

四、"利润分配"账户——资金来源备抵账户

"利润"账户是资金来源账户,实现利润记入贷方,分配利润本应记借方。但实务上为了一方面能保存实现利润总额,另一方面又能集合各项分配数额,所以常在"本年利润"账户借方之下设一个"利润分配"备抵账户（资金来源账户的备抵账户不是资金运用账户）。

记录如图 1－13 所示（单位：万元）。

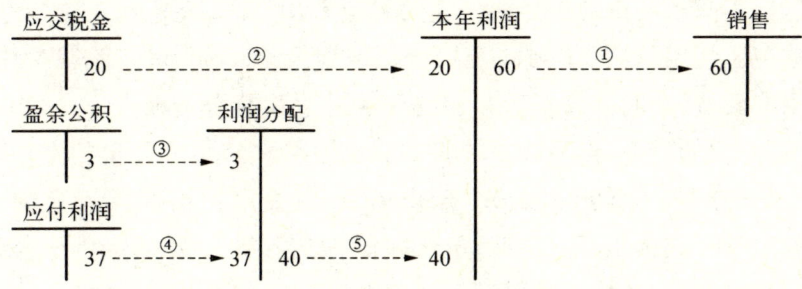

图 1－13 "利润分配"账户

上述第②笔业务,应理解为新的所得税来源,抵偿旧的利润来源。第③、第④笔业务也是新的盈余公积与应付利润两项来源,抵偿

旧的利润来源,但不直接记入"本年利润"账户借方,而是记入其备抵账户"利润分配"账户借方,当各种分配记录全部集中在"利润分配"账户借方后,月终再从"利润分配"账户贷方,转入"本年利润"账户借方,结平"利润分配"账户,以表明盈余公积与应付利润两项新来源抵偿旧的利润来源。

五、集合分配账户的设置

如果把生产过程中所发生的各项费用统统直接记入"生产"账户借方,就不便于按用途来分析各项费用。例如,工艺过程耗用材料,是从材料账户贷方转入生产账户借方;如果车间清洁卫生耗用材料,也是从材料账户贷方转入生产账户借方,那么,从账户对应关系上看,就看不出两笔材料消耗记录的不同用途。又如,生产工人工资是从"应付工资"账户贷方转入"生产"账户借方,如果车间管理人员及勤杂人员工资,也是从"应付工资"账户贷方转入"生产"账户借方,那么,从账户对应关系上看,就看不出两笔工资记录的不同用途。

为使生产账户借方能按用途(成本项目)来反映各项费用,对于为保证车间生产正常进行而发生的各项费用(如车间职员工资、车间清洁卫生耗用材料、车间固定资产折旧费及修理费、车间照明费用、车间取暖费、车间办公费等),应先记入一个集合分配账户——"制造费用"账户的借方,然后在月终将"制造费用"账户借方归集的费用总额,自其贷方一笔转入"生产"账户借方,就按账户对应关系反映了"制造费用"成本项目。这时,虽然并没有发生新的业务(新的资金运动),但是,应视为原有资金运动的延伸(引申)。现设例如图1-14所示(单位:万元)。

所以,"制造费用"账户是由"生产"账户派生出来的一个"集合分配"账户,实际上,也是与生产账户结合起来反映生产过程的账户。

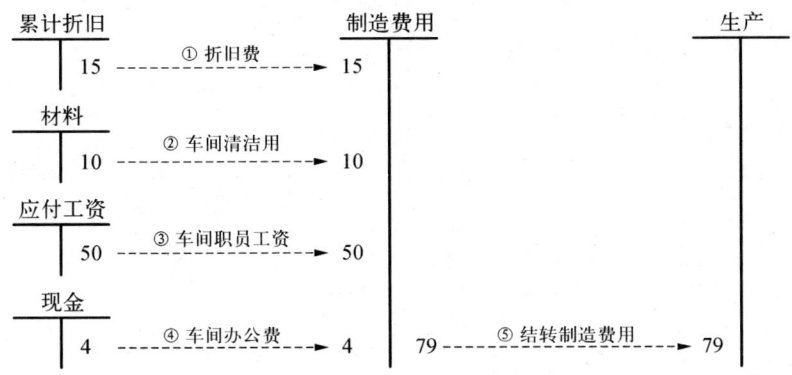

图 1-14　"集合分配"账户

六、跨期摊配账户的设置

生产过程发生的收益支出，其效益有时要延续到以后几个月，或者费用发生的前后各月均受其益。

为了正确计算产品成本，就应当将这些费用按受益期平均分摊。

因此，对于延续到以后各月均应受益的费用，如领用低值易耗品，就应设置一个"待摊费用"账户，将本月发生的该笔费用首先记入"待摊费用"账户的借方，然后自其贷方分月转入制造费用账户借方。如图 1-15 所示（单位：万元）。

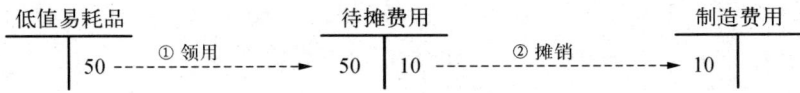

图 1-15　"待摊费用"账户

对于前后各月均受益的费用，如预计银行借款利息，则应在"财务费用"账户之前，设置一个"预提费用"账户，在费用尚未支付之前，就要按月按一定预提率计算应支付的利息，从预提费用账户贷方，转入财务费用账户借方。在将来支付利息时,则一笔记入"预提费用"账户借方。如图 1－16 所示(单位:万元)。

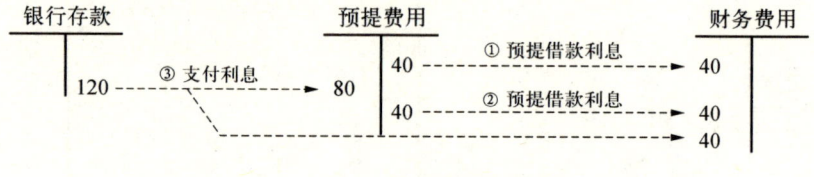

图 1－16　"预提费用"账户

由此可知"待摊费用"和"预提费用"账户,也是由生产类账户或者财务费用账户派生出来的账户,好像是经营过程的水库,洪水到来时,蓄在水库内(待摊费用),洪水过后再慢慢开闸放水;或者在天旱时,从水库内放水(预提费用),待以后下雨,再将雨水蓄于水库内。

第六节　"资金运动会计理论"的升华
——开创"创新劳动会计"的第一基础

"资金运动论"的贷借原理还应进一步"升华"如下。

一、从价值与使用价值统一中把握对立

每次进行生产、交换、分配、消费时,价值与使用价值总是对立的,经过有关人员预测控制,一旦采取某种经营行动,则某种使用价值的价值就统一于另一使用价值中,就形成一项相对静止的资金运动,就将其价值从某一使用价值账户的贷方,转入另一使用价值账户的借方(借贷双方的明细账中,还有相应的各种有形或无形使用价值"数量"与"质量"记录),就从价值角度综合核算了各种使用价值的再生产,就能提供系统的、翔实的"价值与使用价值矛盾"信息(信息系统论)。就可根据资产账户借方所记"金额"与"实物数量"或负债和所有者权益账户贷方

24

所记"金额"与"无形使用价值的种类与数量"进行考查,以便反馈控制未来(管理活动论)。即根据过去价值与使用价值的统一信息,控制未来价值与使用价值的对立,保证矛盾向好的方面统一,创造出尽量丰富的物质财富。所以,是一种"从价值与使用价值统一中把握对立"的会计理论。

二、从静中把握动

"账户"既是某种资金来源,资金形态或供产销过程中,资金流入流出的"计量器";又是连接前后相关资金运动的"纽带"。那么,尽管经济业务纷繁杂乱,但将它们在有机构成的账户体系中,一一对号入座,作成一笔笔相互联系的"从起点到终点,从贷到借"的"矢量"分录,就能"反映"各会计要素(各种资金来源、各种资金形态、各个经营过程)的流向、流量、流速,以及逗留于各阶段的状况,"反映"它们在一定时空内,相互并存和相互继起,从而井井有条地将整个资金运动和盘托出。所以,又是一种"从相对静止中把握绝对运动"的会计理论。

三、从平衡中把握不平衡

这种"有贷必有借,贷借必平衡"的复式记账原理,要求期末结账时,各账户贷方发生额总计与借方发生额总计必平衡,并编出左右平衡的资产负债表。但是,同一业务的每次发生额是不平衡的,各账户期初期末余额也是不平衡的,那么,在正确处理各经营过程价值与使用价值矛盾的情况下,就会在账户体系中呈现螺旋上升的资金增值运动,而且增值越来越大,也是不平衡的。所以,又是"从平衡中把握不平衡"的会计理论。

四、开创"创新运动会计"的第一基础

"从价值与使用价值统一中把握对立","从静中把握动","从平衡

中把握不平衡"这样一概括,就把会计学从单纯价值核算与管理的桎梏中解放出来,发展为一门"从价值角度综合核算与预测控制各种使用价值再生产"的科学(信息系统论、工具论);发展为一门"正确处理价值与使用价值矛盾"的科学(管理活动论),并要求不断完善预测控制方法(技术论);发展为一门"运筹帷幄决胜千里的战略科学",以便培养出千千万万的"诸葛亮",辅助企业领导,搞好经营活动,由无序走向有序,从而保证整个国民经济由无序走向有序。

这种"价值与使用价值矛盾论——资金运动论"贷借复式记账原理,是开创"创新劳动会计"的第一基础。

第七节 "等式说"(静态论)的缺点

"等式说"(静态论)不是从客观会计对象出发,而是根据资产负债表左右平衡关系(某年某月某日的静态),概括出"资产＝负债＋资本"恒等式,机械地规定:资产增加记借方,减少记贷方;而负债与资本则相反,增加记贷方,减少记借方。

这是脱离会计对象的倒果为因的"资产负债表—复式记账—资产负债表"理论体系,其借贷原理晦涩难懂。

40多年前,〔美〕利特尔顿(A. C. Littleton)在所著《会计理论结构》一书中写道:"由于人们加深了对记账程序的认识,所以围绕复式簿记的神秘感已经消失了。唯留下一个令人困惑的特性:某些账户的左方代表增方,而在其他账户增加额却记入右方。这种安排实在太复杂了,以至于试图将它合理化成为徒劳无益的事。迄今为止,这种借贷规则(左方和右方)仍然属于复式记账的一个基本部分。我们别无他法,只好接受它并且记住它的下列加减法则……"(林志军、黄世忠等译:《会计理论结构》,中国商业出版社1989年版,第53页)这是由于当时美国尚未发现科学的"动态论"借贷原理；所以，只好叫人死记硬背"等式说"（静态论）的增减记账规则。

更严重的问题是，"等式说"是以偏概全，无法说明"销售"账户的设置与利润来源的核算，往往误认为利润来源于"贱买贵卖"，歪曲了利润来源。

改为"资产＋费用＝负债＋所有者权益＋收入"恒等式，虽然能说明"销售费用"与"销售收入"的借贷原理，但仍然无法说明"利润是创造于生产过程，而实现于等价交换的销售过程"这一深层次的问题。

还要着重指出，"等式说"（静态论）已成为千百万人的习惯，想要扬弃它，难如上青天，哀哉！

第八节　"资金运动论"与"等式说"的分歧

经过 500 多年实践考验的借贷记账法是科学的，但是如何阐明这一科学的记账方法，有一个"由浅入深，由表及里"的认识过程。17 世纪时，产生了"拟人学说"，到了 19 世纪末，产生各种"物的学说"（静态论、平衡论），当今全世界通用的"等式说"是静态论的一个流派；随后，又出现各种"动态论"，特别是德国巴比的"资本循环说"是比较科学的，可惜没有得到推广，仅昙花一现，鲜为人知。

"资金运动论——价值与使用价值矛盾论"复式记账原理，是继承和发展巴比学说而来，它和"等式说"有如下区别。

一、会计理论体系不同

"资金运动说"是科学的"会计对象—贷借复式记账—会计报表"理论体系。

"等式说"是脱离会计对象的"资产负债表—复式记账—资产负债

表"理论体系,很不科学。

二、可逆方程式与恒等式之别

"资金来源⇆资金循环与周转"方程式,相当于化学反应中的"可逆反应方程式",不仅反映了"供、产、销"过程中的"资金循环与周转";而且反映了"分配与结算"过程中的"资金流入与退出",清晰地反映了每一项资金运动的来龙去脉。

根据"资产＝负债＋资本"恒等式,说明借贷原理,首先弄不清等式双方"同增"或"同减"业务的资金运动方向"资产"方面的"有增有减"业务,一股尚能理解为"从减到增"的运动;但如果把"负债＋资本"方面的"有增有减"业务,也视为"从减到增"的运动,就大错而特错了。

三、资金来源列左列右之别

"资金来源⇆资金循环与周转"可逆方程式,先有"资金来源",然后才有"资金循环与周转"符合认识规律。

英式资产负债表,左方列资本与负债,右方列资产,便于人们从左到右阅读报表,先看企业从哪些方面筹措资本各若干,然后考查这些资本与负债都用于何处,运用得是否合理;因此,英式资产负债表是比较科学的。

而当今世界通用的美式资产负债表,则是机械地将借方余额的科目列左,贷方余额的科目列右,不便阅读,很不科学;因而,根据美式资产负债表概括出来的会计方程式,"资产"在左,"负债＋所有者权益"在右,也不科学。

四、对销售业务的认识不同

资金运动论认为,销售过程是 $W' \rightarrow G'$ 过程,是可逆方程式右边的一个环节。因为在生产过程中，一是由固定资产折旧与材料耗用的物化劳动，转化为产品成本 c；二是生产者必要的活劳动价值，构成产品成本 v，是从"应付工资"账户（资金来源账户）贷方，流入"生产"账户借方；三是生产过程中剩余劳动创造的价值 m，尚未计列，待产品按"c＋v＋m 社会平均价值"的价格等价交换（销售）后，将产品成本（c＋v 个别价值的价格）与销售收入（c＋v＋m 社会平均价值的价格）配比，才可求出生产过程创造的 m，已实现于销售过程，因而可"追溯"其来源，从"本年利润"这一资金来源账户贷方流入企业，经过生产过程，进入"销售"账户借方，表明 m 这一剩余价值，早已包含在"从销售账户贷方转入银行存款账户借方"的金额中，这就是"更多货币 g"。

"等式说"的"资产＝负债＋所有者权益"恒等式，不包括一瞬即逝的销售过程，无法说明销售账户的借贷原理。即使改为"资产＋费用＝负债＋所有者权益＋收入"恒等式，仍然抽掉了"等价交换"的销售过程，仍然会误认为利润是由"贱买贵卖"赚来的。

五、对"资金来源"的认识不同

"资金运动论"认为资金来源有三：

（1）所有者权益、银行借款、应付货款等资金来源，是物化劳动通过再分配或债务结算，从另一会计主体流入本会计主体，从整个社会看，是"流"不是"源"。

（2）生产者"应付工资"与企业"本年利润"是活劳动新创造价值 v 与 m，是国民收入通过初次分配而来，是真正的"源泉"。

（3）应交税金、盈余公积、应付利润，是由分配本年利润而来，不能再视为"源泉"，只能视为一般的资金来源。如图 1－17 所示。

图 1－17 中的 ●━▶ 箭头的"起点"，表明企业的应付工资与本年利润的起点，是活劳动新创造价值的来源，是真正的"源泉"。

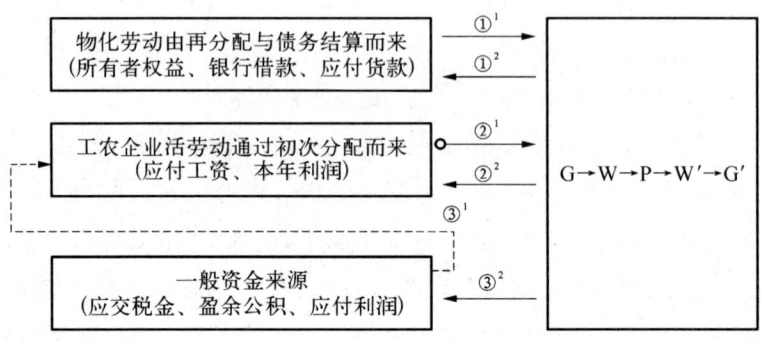

图 1-17 三种资金来源图

"等式说",不区分"所有者权益"、"负债"、"本年利润"的差别,都统称"来源"。

六、宇宙观不同

"资金运动论"是根据客观会计对象,概括出"资金来源⇆资金循环与周转"的可逆方程式,说明每笔业务的资金运动(起点是什么经济现象,终点是什么经济现象)以及各笔业务之间的相互联系,符合唯物辩证法。

"等式说"是根据"资产＝负债＋所有者权益"恒等式,说明借贷复式记账原理,只看等式双方"同增"、"同减",或一方"有增有减",即只看"数量的增减和场所的变更",不看"事物内部矛盾运动",是形而上学宇宙观。

七、批判"平衡论",并不否认事物的相对平衡

所谓"平衡论"(等式说),是指从平衡表(即资产负债表)出发说明复式记账法的理论而言,除此以外,不能作任何"望文生义"的解释。

每笔分录借贷双方必须平衡,是真理;平衡表(资产负债表)双方总

计必须平衡，也是真理。它们都是资金运动相对静止时所表现出来的相对平衡状况。恩格斯说："运动应当从它的反面即从静止找到它的量度"，我们要从会计对象出发，从每一资金运动相对静止，相对平衡的状况，进行复式记账，以便把握资金运动的来龙去脉，把握资金运动的流向与流量；然后，在一定时日结算各账户余额，编制平衡表，以掌握某一时日资金运动总的相对静止和相对平衡状况，建立"会计对象—复式记账—会计报表"理论体系。

但是，不能倒果为因地从期末平衡表（资产负债表）左右平衡关系，去说明当初的复式记账原理。特别是由于平衡表不反映全部会计对象，不反映等价交换过程，所以，从平衡表出发说明复式记账法，就会脱离会计对象实际，误把等价交换的销售账户视为资金来源账户，或把销售成本与收入分别列于等式的两边，就会掩盖利润的真实来源。

所以，批判"平衡论"不是批判任何相对平衡的客观事物，仅仅批判"平衡表—复式记账—平衡表"理论体系而已。

1956 年讨论拙著《复式记账原理的研究》一文时，有同志提出"你既批判平衡论，又要求把账记平，是否自相矛盾？"黄翔枢认为，可用"我们既反对自由主义，又为人类自由而奋斗"，这个比喻去说服别人。这个比喻太好了，"自由主义"与"自由"是两回事，"平衡论"与"平衡"也是两回事。我反对的仅仅是从资产负债表左右平衡关系说明借贷记账法的"理论"，它是形而上学；但又坚持从事物相对平衡去把握不平衡，这是认识客观事物的必由之路，是辩证法。

八、"等式说"无视"使用价值运动"

"资金运动论——价值与使用价值矛盾论"强调再生产过程，处处存在价值与使用价值矛盾。每进行一项经营活动，开始时这对矛盾的双方总是对立的，要提出几种科技或管理方案，预测选优，一旦按某一方案实行,则某一使用价值的价值就统一于另一使用价值,而形成一项相对静止的资金运动,就作一笔从某一使用价值账户贷方转入另一使用价值账户借方的"矢量"分录,再结合明细账中所记各该使用价值的"数量"和"质量"记录,就可考查是否"用尽量少的价值创造出尽量多的使用价值"。

"等式说"只看资产、资本、负债各项目的"价值增减",无视相应的"使用价值运动",把"资金运动"仅仅理解为"价值运动",皮之不存,毛将焉附?

九、会计研究起点不同

(一)会计对象起点论符合逻辑

"资金运动论"是根据各企业再生产过程中,客观存在的"资金运动"说明贷借复式记账方法,是"会计对象—贷借复式记账—会计报表"理论体系。因此可以明确肯定地说,"会计对象"是"会计研究的逻辑起点"。

再看以后各章所述,成本计算对象"时空观"产前、产中成本与收入控制体系的建立,利润分块责任制,按三类现金流量设计"资金运动总账"等,都是由于会计对象的某种特征,而演绎出某种特殊的会计方法与理论,就进一步说明了"会计对象"是会计方法与理论研究的逻辑起点。

再从整个社会(国民经济)来看,资金在各级政府、企业、事业单位之间川流不息,从而形成政府会计、企业会计、事业单位会计,这就更能说明"会计对象"是会计方法的理论研究逻辑起点。

(二)"等式说"弄不清"会计研究起点"是什么

"等式说"是根据资产负债表左右平衡关系,来说明借贷复式记账方法,是脱离会计对象的"资产负债表—复式记账—资产负债表"理论体系;因此不能说,会计对象是会计研究的逻辑起点。那么,究竟什么是起点? 坚持"等式说"者提出会计假设起点论、会计职能起点论、会计目标起点论等,始终找不到正确的答案。

第九节 回顾我研究复式记账法的经过

一、20 世纪 40 年代中期制立"新动态论"贷借原理

1940 年,我在大学一年级学会计时,弄不清为什么要根据"资产＝负债＋资本"恒等式说明借贷原理,为什么资产增加记"借方",减少记"贷方";而负债和资本增加却记"贷方",减少记"借方"。"借"是什么意思,"贷"是什么意思,弄不清楚,只好死记硬背。

二年级时,张永言教授(他是留学日本的)给我们讲"高等会计",曾谈到在德国会计学界有"静态论"与"动态论"两大学派。我听了觉得很新鲜,并对"动态论"产生了浓厚的兴趣。

三年级时,在图书馆旧会计杂志中看到陆善炽的《复式簿记源流考》(载《会计杂志》第三卷,1934 年 1 月版,第一期)及《论借贷学说与收付理论》(载《会计杂志》第四卷,1934 年 7 月版,第一期);郑延植的《近代西儒之借贷学说》(载《立信会计月刊》第二卷,1942 年第一期)等文献,都详细介绍了动态论。我如获至宝,反复研读,领会其精神实质。与此同时,太田哲三的《会计学》一书所述"双重计算损益"理论,对我启发也很大。

四年级时,我把德国巴比(Pape)的"资本循环学说"和德国莱脑、日本太田哲三提倡的"双重计算损益学说"结合起来,形成"新动态论"。

并对下列六笔主要经济业务(① 投资;② 借款;③ 购买设备及材

料进行生产;④ 销售成本;⑤ 销售收入;⑥ 还款)作成双重计算损益下的复式记账图,如图1-18所示。

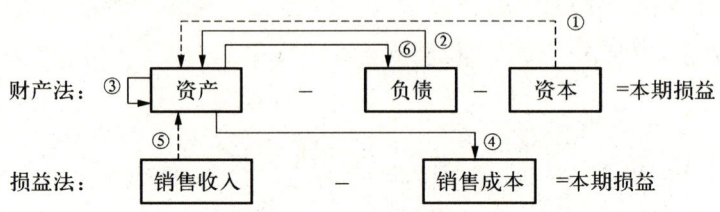

图1-18　双重计算损益图

同时,按太田哲三把企业比喻为水槽的思想,作成水槽复式记账图,如图1-19所示。

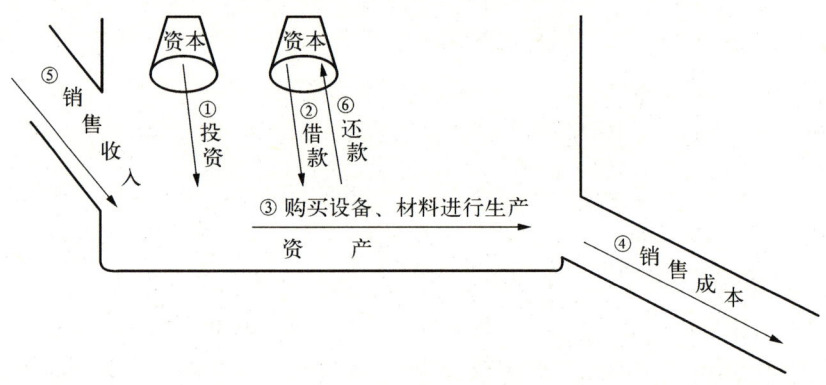

图1-19　水槽复式记账图

对每笔业务起点与终点所分别表现的经济现象,要作成"从贷(起点)到借(终点)"的分录,与传统的"先借后贷"观念不同。

1946年下学期,我在长沙昭信会计学校兼课,第一次走上讲台,第一次按上述"新动态论"讲授,深受学生欢迎,学生说我把会计讲活了。

1947年,我住在"岳麓书院"东边"静一斋",那时我正在撰写《新动态论》,革新贷借复式记账原理,因此特写座右铭(见图1-20)以自勉。

图 1-20　座右铭

1948 年，我在湖南大学讲"银行会计"时，也讲述了"新动态论"，反应也极好。

日本的饭野利夫和君琢芳郎两位教授，看到拙著《资金运动会计理论》（湖北科学技术出版社 1986 年版）一书，谈到 1943 年曾将德国巴比的"资本循环学说"与日本太田哲三的"双重计算损益学说"结合起来，创立"新动态论"后，两位教授极为感动，因为太田哲三是他们的恩师。君琢芳郎特写《太田哲三——无法描写的大人物》一文(载《砧通讯》1988 年 12 月第 17 号)，详细介绍了"新动态论"，并写信给国际会计学会主席保罗·加纳，通报此事。

二、20 世纪 50 年代初发展为："资金运动论"贷借原理

1949 年暑假长沙解放了，李达任湖南大学校长，他大讲唯物辩证法。这时有一个学生辛业谱兴致勃勃地对我说："老师用新动态论讲授会计原理，符合辩证法。"于是，我买了许多哲学书籍，如饥似渴地自学钻研，深感过去只不过是一个不知不觉的唯物辩证主义者而已。所以在 1950 年上学期，讲授"会计问题"一课时，开始自觉运用辩证法批判各种借贷学说，讲解"新动态论"(编了一本油印讲义)。这时又有一学生张我乡，对我说："老师用哲学观点讲课，完全正确，但没有说明剩余价值问题，应否加以考虑。"于是我又自学钻研政治经济学，深刻认识到，利润(剩余价值的转换形式)是创造于生产过程，而实现于"等价交换"的销售过程；深深感到，把销售收入比作入水管，把销售成本比作出水管，就抽掉了等价交换概念，容易歪曲利润来源，很不恰当。

于是毅然扬弃"新动态论"，创立"资金运动论复式记账原理"，是从客观会计对象出发，将每一企业再生产过程中的资金运动概括为：$\boxed{资本+负债+利润} \rightleftarrows \boxed{G \rightarrow W \rightarrow P \rightarrow W' \rightarrow G'}$ 可逆方程式，精辟地说明"利润是创造于生产过程、而实现于等价交换的销售过程"(饮水思源，源头仍然是巴比和太田哲三的学说)。

1951 年下学期，再给会计系开"会计问题"的时候，将《会计问题》讲义全部改写，指出各种旧的借贷学说都是用唯心主义或形而上学，掩盖利润来源；因而必须把会计学建立在马克思主义政治经济学与哲学基

础上,创立"资金运动论"。

1956 年写《复式记账原理的研究》一文,参加我校(中南财经学院)召开的第一届科学讨论会。我还特地制作了一个"复式记账仪",即在一个木架上,按资金运动规律,安装若干个小纸盒,每个纸盒隔成左右两方,标上账户名称,代表一个个账户的借贷两方,各纸盒之间用玻璃管连起来,当将小圆珠从某一纸盒的右方流入另一纸盒的左方时,就表示某一资金运动从某一账户贷方转入另一账户借方,在大会上表演了。参加这次大会的,除本校师生外,还有上海财经学院李天民教授、辽宁财经学院会计系主任和陕西财经学院会计系主任。这篇论文被收入辽宁财经学院农业、贸易财务会计教研组所编《会计核算原理阅读资料摘录》(1957 年版)。

中南财经学院《经济问题》1958 年第 3 期,发表拙作《从资金运动的观点来说明借贷原理》一文,得到北方交通大学殷宗鹗教授的赞同,他写了《读"从资金运动的观点来说明借贷原理"》一文,载我校《经济问题》1958 年第 4 期。通过殷教授认识王又庄和闵庆全两教授,随后又结识余绪缨、葛家澍和李孝林等教授进行长期联系。

《社会主义复式记账原理的探讨——从对象出发按资金运动规律来说明》,载《江汉学报》1963 年第 3 期,并选入辽宁财经学院、天津财经学院、山西财经学院、湖北财经学院所编《财务会计文选》(1979 年版)。

日本西村明教授在《会计管理论与会计信息系统论——中国围绕会计属性的争论》(九州大学经济学会《经济学研究》第 53 卷 1,2 合并号)一文的末尾,明确指出,"中南财经大学易庭源教授在德国会计理论基础上,创立了独特的资金运动论。"

三、1965 年倡议"来用记账法"

1965 年,我和武汉市财贸学校刘传斌同志一起,设想过"来用记账法",认为"来"与"用"是一切资金运动矛盾双方的共性,每笔分录都要反映资金从何处"来","用"于何处。所以,一切账户都分为"来","用"两方,右方为"来",左方为"用"。资金来源账户,则以"来"为主,"用"为辅,经常表现为"来"方余额,或者结平;资金运用账户,以"用"为主,"来"为辅,经常表现为"用"方余额,或者结平。

至今,我认为这种记账方法是可取的,记账"符号"与"记账内容"是一致的,通俗易懂,便于推广通用。

四、1975 年设想"一元化增减记账法"

20 世纪 70 年代,我国不少企业实行"增减记账法",因此 1975 年,我在郑州市财政局办会计研究班时,曾和学员们设想过"一元化增减记账法",即取消"同增,同减,有增有减"二元记账规则,改为一元的"有减必有增,减增必相等"记账规则。而要达到这一目的,就必须把资金来源账户的增减,一律视为其他单位资金的增减(或分配、结算过程中的资金的增减),而不是来源的增减。这样一来,资金来源账户的名称应有所变更,例如,国家拨入流动资金,应视为"国家积累资金"的减少,或"预算分配中资金"的减少;向银行借款,应视为"银行借贷资金"的减少,或"信贷分配过程中资金"的减少等。但对于活劳动新创造价值的初次分配,如工资、福利基金、税金、利润等,应视为什么减少,未能想出较好的名称。更严重的问题,对有往来的同一客户,如果将债权的增加误认为债务的增加,就会遭受无缘无故的损失。

五、1977 年提出"一元化收付记账法"

1977 年,我又觉得"一元化收付记账法"较"一元化增减记账法"容易实现,因为对于活劳动新创造价值及其分配,可分别设立"为社会积累(税金、利润)劳动"、"为个人消费(工资)劳动"、"为集体福利劳动"等账户。这些账户"付方"，分别表示各种劳动时间的付出；其"收方"则表示国家收到税利、职工收到工资、职工享受福利等。此外，将"银行借款"改为"银行信贷基金"，"应付购货款"改为"供货者"，"其他应付款"改为"预付者"，"更新改造基金"及"科技三项费用拨款"改为"国家留拨专用基金"等。

但从财政部门总预算会计来看，收到税利时记"预算收入"付方，拨付款项时记"预算支出"收方，不好理解。

六、1980 年倡议"出入记账法"

1980 年，我与钱培钧、王又庄、李孝林、成圣树、涂传芬、黄翔枢所作《出入记账法刍议》一文，选入第三届全国高等财经院校商业财务会计学术讨侯会编《论文集》(1981 年 4 月版)。这一记账方法不足之处是在财政部门的"预算会计"中，对于岁入，要计入"预算收入"账户的"出方"；对于岁出，要记入"预算支出"账户的"入方"，很不好理解。

七、发展为"价值与使用价值矛盾论"贷借原理

20 世纪 80 年代中期，根据英国古典经济学家李嘉图的"真正的财富在于用尽量少的价值创造出尽量多的使用价值"名言，进一步发展为"价值与使用价值矛盾论——资金运动论"贷借原理。

再生产过程，处处存在价值与使用价值矛盾。每进行一项经营活动的时候，价值与使用价值总是对立的，要提出几种先进的科技或管理方案，预测选优。一旦按某一方案实施，则某一使用价值的价值就统一于另一使用价值，而形成一项相对静止的资金运动，就要将其价值，从某一使用价值账户贷方(起点，来于何处)，转入另一使用价值账户借方(终点，用于何处)。再结合明细账中所记各该使用价值的"数量、质量"就可考查各该经营活动，是否"所费"价值少，而"所得"使用价值多

或优。

这就把会计学发展为具有战略意义的新兴科学。

日本的津谷原弘教授将拙作《从价值与使用价值矛盾进行控制与决策》一文（原载《中南财经大学学报》1988年第3期）译为日文（载《名古屋商科大学论集》第33卷2号）。

八、展望未来

简单回顾走过的路程，深深感到，在当前，为了和国外保持一致，以沿用借贷记账法为宜，但必须扬弃"等式说"（平衡论），创立"资金运动论——价值与使用价值矛盾论"。

同时，做好"来用记账法"的示范与宣传工作，将来有可能为世界各国所采用。

小　结

（1）会计是从价值角度综合核算与预测控制各种使用价值再生产的科学。

（2）"资金运动论"认为，企业会计对象应概括为"资金来源⇆资金循环与周转"可逆方程式，然后据以说明"账户设置"原理与"从贷到借"的复式记账原理。

（3）"等式说"是根据资产负债表左右平衡关系，概括出"资产＝负债＋资本"恒等式，机械地规定资产增加记借方，减少记贷方；负债与资本则相反，增加记贷方，减少记借方。这种借贷原理，不仅晦涩难懂，更严重的问题是，抽掉了"等价交换"的销售过程，无法说明销售账户的核算，容易歪曲利润来源。

（4）"资金运动论"认为"会计对象"是会计方法与理论研究的逻辑

起点,形成"会计对象—贷借复式记账—会计报表"理论体系。"等式说"是"资产负债表—复式记账—资产负债表"理论体系,就不能说会计对象是起点,于是提出会计假设起点论、会计职能起点论、会计目标起点论、会计本质起点论、会计动因起点论、会计环境起点论等,都不科学。

第二章 成本计算的"三大观点"

——开创"创新劳动会计"的第二基础

西方首创成本计算"分批法"与"分步法",值得我们借鉴,但美中不足的是没有确切地说明这两种方法的形成。

我国还把"定额比例法"、"系数法"等"费用分配方法",都称为成本计算方法,更是杂乱无章。

我们应创立成本计算的"三大观点"。

（1）成本的计算对象"时空观"

产品是在一定的地点与时间生产出来的,而各企业的"工艺过程"有单步骤生产与多步骤生产之分,"生产组织"有大量生产、成批生产、单件生产之分,所以要以不同"地点"与不同"时间"生产的不同"产品"作为"成本计算对象",才能科学地说明分批法、分步法、单步法的形式。

（2）成本项目"经济用途观"

直接材料≠直接费用,直接人工≠直接费用,制造费用≠间接费用。制造成本法与变动成本法的形成。

（3）汇集费用"划清界限观"

要划清各项目费用的界限,以防"化、挤、冲、摊"。

分配费用的方法有：约当产量法、定额比例法、系数法等。

从这三方面革新成本会计学,是开创"创新劳动会计学"的第二基础。

第一节　成本经济本质

第一章已经明确指出：价值规律是千千万万生产同一产品（同一使用价值）的企业，其个别劳动时间，不以人们意志为转移地转化为社会平均劳动时间，去交换其使用价值的规律，是迫使人们努力创新科技与管理方法，不断提高生产力，节约"$c+v$ 个别劳动时间"或提高产品质量，创造更多剩余价值（m）的规律。

那么，为了按价值规律办事，就要革新成本计算原理，正确计算产品成本（$c+v$ 个别劳动时间）。

一、生产性成本

工业、农业、建筑、交通、邮电等企业，生产产品或提供劳务时间，一要计算厂房、机器设备等劳动工具磨损的价值，称为"物化劳动 c_1"；二要计算原材料、燃料消耗的价值，称为"物化劳动 c_2"；三要计算劳动力消耗的必要价值，这一部分价值是按当时社会平均生产力水平下的社会平均生活水平所需生活资料价值计算，以等级工资形式按劳分配，称为"生产者必要劳动 v"。还有剩余劳动创造的剩余价值 m，尚未计算。

马克思说："商品 w 的价值，用公式来表示是 $w=c+v+m$。如果我们从这个产品价值中减去剩余价值 m，那么，在商品中剩下的只是一个在生产要素上耗费的资本价值 $c+v$ 的等价物或补偿价值。"接着又说"商品价值的这个部分，即补偿所消耗的生产资料价格和所使用的劳动力价格的部分……就是商品的成本价格。"这就是说，产品成本是由 c 与 v 两部分价值组成的补偿价值，是商品价值的重要组成部分。

再者，千千万万生产同一产品的企业，其产品单位成本各不相同，同一企业的不同时期，其产品单位成本也不相同，所以产品成本是"$c+$

v个别价值"。

焦跃华在《企业成本控制战略研究》博士学位论文中,认为应将"成本"概念拓展为较"产品成本"更为广泛的概念,并提出"成本可代偿性"特征。这个意见很好。我认为,首先阐明产品成术的经济本质(c+v个别价值)是十分必要的,它是核心,是重中之重,但要扩大成本概念,一方面溯源于供应成本,另一方面延伸为销售成本。甚至还要考虑买方的使用成本。这一广泛的生产性成本,可定义为:"成本是企业在供、产、销,以及分配过程所分别耗费的并应得到补偿的 c+v 个别价值。"具体来说,在这些企业中,第一,发生供应成本,即固定资产购建成本、取得无形资产递延资产成本、材料购储成本、人力资源成本(招聘成本、培训成本等),以及再分配过程的资本成本(利息是再分配的一种形式,它已经物化,故应理解为 c),这几种成本都可由 c,v 两部分价值组成,也可称为"源头"成本;第二,以上几种成本物化后,形成固定资产、无形资产、递延资产、材料等项的价值,然后在生产过程以折旧、摊销、领用等方式,转化为产品成本 c_1 与 c_2,再加上生产者必要劳动 v(工资),就是产品制造成本;第三,在销售过程,产品制造成本转化为产品销售成本,在销售过程还会发生"销售费用",因此,销售成本连同期间成本(管理费用、销售费用、财务费用),都从销售收入中得到补偿,转化为货币资本(G),同时将销售成本(包括期间成本)c+v 个别价值与销售收入 c+v+m 社会平均必要价值配比,计算在等价交换过程所实现的利润 m,如果成本控制得很低或产品质量好,则除了实现社会平均利润外,还能实现更多的超额利润;收入的"更多货币 g"就大幅度增加。从以上三个过程的因果关系来看,应以产品成本与产品质量为核心,进行全过程、全方位的控制,特别是在建厂、产品开发或改建扩建时,如果采用或发明新的科学技术,一方面会发生固定资产购建成本和取得无形资产、递延资产成本,待工程完工投入生产后,在制造费用中会增加一些固定资产折旧费和无形资产、递延资产摊销费;而另一方面却能大幅度降低直接材料、直接人工成本,或大幅度提高产品功能,增加销售收入,在补偿所增加的制造费用后,还能获得更多的超额利润。这样进行全过程全方位的成本控制,搞好成本补偿工作,企业就会欣欣向荣。

二、流转性成本

主要是指商业企业购入商品的原价加流通费。

根据马克思关于流通费用的论述来看,纯粹的商业活动(不包括运输、储存、加工等)不创造产品,也不创造价值,也就是说,没有 v 和 m;但由于专门从事流通更节约时间,故生产企业愿意以出厂价、批发价形式让出一定数额的剩余价值,补偿商业部门的纯粹流通费,并让商业部门实现一定利润(社会平均利润)。

应当着重指出,在出厂价、批发价、零售价既定的情况下,若节约流通费与增加销售量,商业企业就能实现更多的利润。这一多实现的利润(不包括正常的社会平均利润),就是该商业企业的经营成绩,但不是"创新劳动剩余价值 Δm"。

隶属于商业部门的运输、储存、饮食加工等单位,其成本仍属生产性成本,仍由 c,v 两部分个别劳动组成。

第二节　成本计算对象"时空观"
——三种成本计算对象方法的形成

所谓"产品成本计算",是要根据各企业的生产特点,计算某一地点(某某工厂的"全厂"或"车间")、某一时间("某月份"或"某年某月某日开工到某年某月某日完工的生产周期")所生产的某种产品的"总成本"与"产量",从而计算产品"单位成本"($c+v$ 个别价值的价格)。

一、生产分类

以什么时空生产什么产品作为成本计算对象呢？这决定于生产特点与管理要求。尽管各企业生产的产品各不相同。生产规模有大有小，生产周期有长有短，就是说，生产特点千差万别，但根据生产的一般特点，可作以下分类。

（一）按生产工艺过程分

（1）单步骤生产亦称简单生产，是指工艺过程不能间断的生产，如水力发电企业；或不便分散在不同地点进行的生产，如矿井采煤企业，是通过掘进、通风、排水、照明、回采、运输等工作，而将煤采出来。这类生产，只能在一个企业整体中进行，而不能由几个车间分别生产各种半成品。

（2）多步骤生产亦称复杂生产，是指生产工艺过程可以间断，可以划分为若干生产步骤的生产。其生产活动可以分别在不同的时间、不同地点进行，可以由一个企业的各个车间进行，也可以由几个企业协作进行。多步骤生产按其产品加工方式，可再分为连续式生产与装配式生产。连续式生产是指对投入生产的原材料，要依次经过几个生产步骤加工为半成品，逐步形成产品的生产。例如，冶金、纺织、造纸、服装、搪瓷等企业。装配式生产是指先将各种原材料分别加工为各种零件、部件，再将零件、部件装配为产成品的生产。例如，机械、车辆、仪表等制造企业。

（二）按产品生产组织特点分

（1）大量生产，是指不断地重复生产相同产品。这类企业生产的产品品种较少，产量较大。例如，冶金、纺织、发电、采掘、造纸等生产。

（2）成批生产，是按照用户要求，按预先规定的数量分批生产一定种类的产品,其产品种类较多,而且各种产品的生产往往成批重复地进行。例如,机床制造、工具制造、服装生产等。成批生产按产品批量的大小,又可分为大批生产和小批生产,大批生产的性质接近大量生产,小批生产的性质接近单件生产。

(3) 单件生产,是按照用户的要求,生产个别的、性质特殊的产品。例如,重型机械制造、大型电机制造、船舶制造、精密仪器制造、专用设备制造等。单件生产企业的产品品种规格较多,而且很少重复生产。

企业的生产类型如图 2-1 所示。

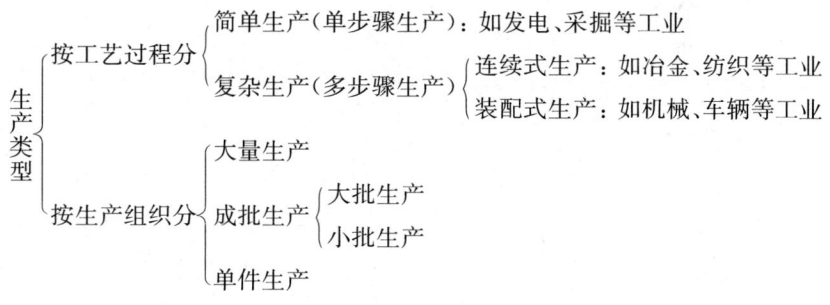

图 2-1　生产分类

二、生产类型决定成本计算对象

（一）生产组织特点决定时间范围

从生产组织特点看,小批单件生产的品种、规格、交货时间等都是由客户订货合同决定的,因此,必须以某一批或某一件产品的"生产周期"(从开工到完工的这段时间)作为成本计算的时间范围,才便于考查合同执行情况。如果是大量大批生产,则同一产品川流不息地进行生产,不能等该产品停产后才计算其产品成本,因此,只能人为地划分为若干相等的时间作为成本计算时间范围,习惯上以日历"月份"作为成本计算时间范围。

由此可知,成本计算时间范围有"一批产品生产周期"与"月份"之分。

（二）工艺过程特点决定空间范围

从工艺过程特点看,单步骤生产,只能以"全厂"或"某一封闭在车间"作为成本计算空间范围,而在多步骤生产情况下,为了划清责任,加强成本管理,有必要以生产步骤(车间、工段或班组)作为成本计算空间范围。但有些小型的多步骤生产企业,如果管理上不要求按步骤核算,也可扩大其空间范围,笼统地以"全厂"作为成本计算空间范围。

由此可知,成本计算空间范围有"全厂"与"生产步骤"之分。

（三）成本计算空间范围决定成本计算实体

以"全厂"作为成本计算空间范围时,能直接算出产成品的成本;但如果以"各步骤"作为成本计算的空间范围时,则首先要计算各步骤半成品成本,最后才能算出产成品成本。

由此可知,成本计算实体有"半成品"与"产成品"之分。

（四）三种成本计算对象的形成

不同空间范围、不同时间范围、生产的不同产品,三者相互组合,就形成不同成本的计算对象。具体说,有三种:一是以"全厂从开工日到完工日生产的一批产成品"为对象;二是以"各步骤某月份生产的半成品"为对象;三是以"全厂某月份生产的产成品"为对象。

三、成本计算对象决定成本计算方法

（一）分批法

小批、单件生产的企业,为了保证按客户要求的品种、规格、数量、质量和交货日期进行生产(或进行新产品试制、自制设备、来料加工、修理作业等),一般是以"某厂(或某一封闭车间)从某年某月某日到某年某月某日生产的某一批或某一件产成品"作为成本计算对象,汇集其总成本和所得的产量,算出其单位成本的方法,就是"分批法"。不以月份而以一批产品生产周期(开工日到完工日)作为成本计算时间范围是其特征。可图解如图 2-2 所示。

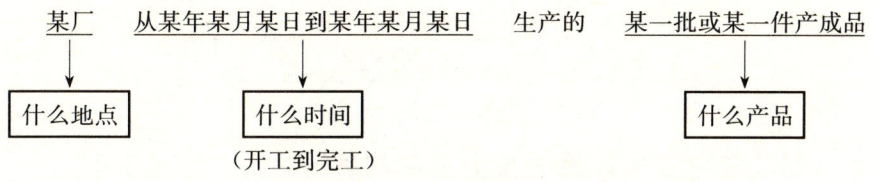

图 2-2 分批法成本计算对象

（二）分步法

大批大量、多步骤生产的企业,是以"某厂各步骤某月份生产的半成品及最后步骤的产成品"作为成本计算对象,分别汇集各步骤半成品的总成本与产量,算出半成品的单位成本,并逐步结转半成品成本,最终算出产成品单位成本的方法,就是"分步法"。不以全厂而以各生产步骤(车间或班组)作为成本计算空间范围是其特征。可图解如图 2-3 所示。

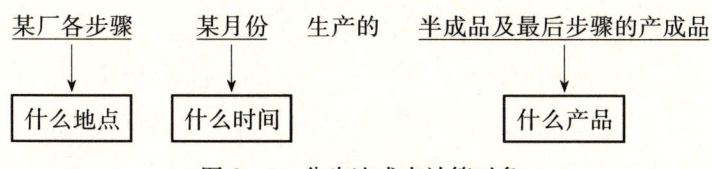

图 2-3 分步法成本计算对象

（三）简单法（单步法）

简单生产,即大量大批、单步骤生产(或大量大批、多步骤生产,但不要求按步骤计算产品成本)的企业,是以"某厂某月份生产的产成品"

作为成本计算对象,汇集产成品的总成本与产量,算出单位成本,就是"简单法"(罗飞教授主张称为"单步法")。时间与空间范围均无特征。可图解如图2-4所示。

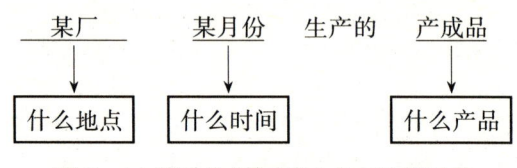

图2-4　简单法(单步法)成本计算对象

四、三种成本计算对象方法的异同

(一)简单法与分步法比较

相同:都是以"月份"作为成本计算时间范围。

不同:① 简单法以"某厂(或某一封闭车间)"作为成本计算空间范围;分步法以某厂"各步骤"作为成本计算空间范围。② 由于空间范围不同,成本计算实体也不同,简单法以产成品作为成本计算实体,分步法以各步骤半成品及最后步骤产成品作为成本计算实体。

(二)简单法与分批法比较

相同:① 都是以"某厂(或某一封闭车间)"作为成本计算空间范围。② 都是以"产成品"作为成本计算实体。

不同:简单法以"月份"作为成本计算时间范围;分批法以"一批或一件产品的生产周期(从开工到完工)"作为成本计算时间范围。

(三)分步法与分批法比较

成本计算空间范围、时间范围、实体三要素都不同。

(四)三种成本计算方法比较表

现比较三种成本计算方法的异同,如表2-1所示。

表2-1

三种成本计算方法异同比较表

工艺过程		行业	管理要求	生产组织	成本计算对象			成本计算方法
					空间范围	时间范围	实体	
简单生产（单步骤生产）		发电		大量生产	某厂	某月份	产成品	简单法
		采掘						
复杂生产（多步骤生产）	连续式	水泥	不要求按步骤核算					
	装配式	钟表						
	连续式	纺织		大量生产	某厂各步骤	某月份	半成品及产成品	分步法
	装配式	机械						
		仪器		大批生产				
		服装		小批生产	某厂（或某一封闭车间）	某一批产品生产周期（从开工到完工）	产成品	分批法
		造船重型机修		单件生产				

这是给二汽办会计短训班时，一个学员根据成本计算对象"时空观"设计的，非常清晰。

从表2-1来看，三种成本计算方法的区别，主要是由于成本计算时空范围不同而引起的，因此，我们到一个工厂调查，无须问他们采用什么成本计算方法，只须打开他们的成本计算单看一看，对所记时空（一定会有时空记载）加以分析，就知道他们是采用什么成本计算方法，或者是几种方法同时并用。

五、几点说明

（一）要从分批法、分步法的命名中悟出"时空观"

分批生产的企业采用"分批法"应该说这一命名是极高的艺术成

果,可惜人们只知道这是按产品的不同生产批别计算成本,而没有从"批"字悟出"一批产品生产周期(从某年某月某日开工到某年某月某日完工)"这一成本计算空间范围特征,更没有明确"某厂(或某一封闭车间)"这一成本计算空间范围观念。分步生产的企业采用"分步法"这一命名也是极高的艺术成果,可惜人们也只知这是按产品生产的各个生产步骤计算成本,而没有从"步"字悟出"车间、班组等生产步骤"这一成本计算"空间范围"特征,更没有明确"月份"这一成本计算时间范围观念。我们一定要树立明确的成本计算对象"时空观"。

(二)不宜将"简单法"(单步法)改称"品种法"

(1)简单生产(单步生产)的企业采用"简单法"(单步法),是顺理成章的,但由于其空间范围是"某厂(或某一封闭车间)",时间范围是"月份",没有特征可抓,致使人们完全忽视了它的"时空";因而有人主张改称"品种法",认为这是只按产品品种计算成本。然而这样一改就与生产类型脱钩,很不恰当。

(2)分批法与分步法也都要算出各"品种"的单位成本,如果将简单法改称"品种法",那么又怎样和分批法、分步法区别开呢,就会造成不必要的混乱,节外生枝。

(3)个别的小型分步生产企业,不要求按步骤计算产品成本时,也可采用简单法,但这是权宜之计,不能因此而否定"简单生产采用简单法"这一基本前提。

(三)分类法不是一种独立的成本计算方法

有的企业其生产的产品,品种规格繁多,为了简化成本计算手续,可将品种相同而规格不同的产品归为一类,作为成本计算实体,人们常称它为"分类法"。但是这只规定了成本计算"实体",尚未规定成本计算"时空",所以还不能形成一种独立的成本计算方法。

实际上,如果是简单法的时空,则形成"简单分类法";如果是分步法的时空,则形成"分步分类法";如果是分批法的时空,则形成"分批分类法"。换句话说,分类法是简单法、分步法、分批法的简化,而不是在这三种成本计算对象方法之外的一种独立方法。

第三节　成本要素"经济用途观"
——两种成本要素方法的形成

一、制造成本法

我国《企业会计准则》采用了"制造成本法",产品成本只包括直接材料、直接人工、制造费用三个成本要素(成本项目),销售费用、管理费用、财务费用作为"期间费用"转入本期损益,这是和国际会计惯例接轨的重要步骤。但是,现在国内外许多人对它有些模糊和不正确的认识,必须辨明。

(一)要明确制造成本法的目的与意义

西方不明确制造成本法的目的与意义。笔者认为,制造成本法设置直接材料、直接人工、制造费用三个成本要素(成本项目)的目的,是为了便于按用途进行成本控制。从经济用途看,产品制造成本要素有三:一是"直接"耗用于工艺过程的构成产品实体或有助于产品形成的各种材料,设置"直接材料"要素来汇集;二是"直接"从事生产的各种工人的工资,设置"直接人工"要素来汇集;三是组织和管理生产而耗用的料、工、费,设置"制造费用"要素来汇集。这样按经济用途设置成本要素(成本项目),才便于针对不同用途采用不同成本控制方法。具体来说,产前(建厂、产品设计、扩建改建)与产中(供、产、销过程中)各经济责任中心,采用不同的先进科学技术(包括管理)方法,一项一项地降低其成本,一把钥匙开一把锁;对组织与管理生产而耗用的制造费用(料、工、费)则编制年度、月度预算进行控制。这种产前、产中成本控制工作是算好科技进步账,当好军师,指挥各经济责任中心努力发展科学技术,提高生产力,不断降低成本,用尽量少的价值创造出尽量多的使用价值的工作,是富国富民的工作,是促进人类社会发展的极为重要的战略工作。而制造成本法按经济用途设置成本要素(成本项目)是实现这一战略工作的前提,那么,制造成本法的重要意义也就可想而知了。

(二)要树立成本要素"经济用途观"

前已述及,制造成本法的三个成本要素(成本项目)都是按经济用途设置的,是实现产前、产中成本控制远大战略目标的前提。但由于前两个成本要素使用了"直接"两字,致使国内外许多人误认"直接材料"与"直接人工"为直接费用,误认"制造费用"为间接费用,这完全是误会,必须澄清。

要强调指出,直接费用与间接费用的划分,是将各项费用按经济用途(成本要素)汇集于各成本计算对象过程中所遇到的问题,是一项核算技术工作,其重要性远不及按经济用途设置成本要素,如果要求制造成本法从直接费用与间接费用角度设置成本要素,就不便成本控制,就丢了远大的战略目标。

实际上,这里的"直接"两字,是"直接"耗用于工艺过程的意思,是强调其经济用途,毫无直接费用的意思;而且直接材料与直接人工都有可能是间接费用,制造费用又有可能是直接费用。差之毫厘,谬以千里,要认真辨析,不可含糊。特分述如下。

1. 直接材料≠直接费用

"直接材料"的原意是"直接"用于工艺过程的材料,即"直接"构成产品实体或有助于产品形成的材料,应与组织和管理生产耗用的材料区别开。这就充分说明,把耗用的材料(包括原料、辅助材料、燃料、动力等)分为"工艺过程用"和"组织管理生产用"两部分,是从经济用途角度划分的,而不是从直接费用与间接费用角度划分的。"直接材料"不仅没有直接费用的意思,而且还可能是间接费用,例如,某厂生产甲、乙两种产品,先是分别领用钢板,既是直接用于工艺过程的材料,又是直接费用,当然要分别记入甲、乙产品的"直接材料"项目,这是没有问题的;后来为了充分利用材料,领来的钢板,套裁了甲、乙产品的零件,则属间接费用,但并未改变其经济用途,仍然是"直接"用于工艺过程的材料,仍然是"直接"构成产品实体的材料,所以按一定比例分配于甲、乙产品后,仍然分别记入甲、乙产品的"直接材料"成本要素中,才便于比较先后耗用钢板的业绩。现在许多人将后来耗用的钢板记入制造费用的"间接材料"子目中,就大错特错,就忘了经济用途这个根本问题,就忘了控制工艺过程用材料(产品成本的主要组成部分)不断降低的远大战略目标。为了避免发生误会,最好将"直接材料"成本要素(成本项目)改为"工艺过程用材料",以明确表示其经济用途。

2. 直接人工≠直接费用

"直接人工"的原意是"直接"从事生产工人的工资,不包括车间管理人员和勤杂人员工资,也毫无"直接费用"的意思。计件工资是直接费用,固然要分别记入甲、乙产品的"直接人工"项目中,而计时工资则往往是间接费用,要按一定比例分配于甲、乙产品的"直接人工"项目,也不能记入制造费用的"间接人工"子目中。最好是将"直接人工"改为"生产工人"工资以表明其经济用途,避免发生误会。

3. 制造费用≠间接费用

"制造费用"成本要素,是组织和管理生产而耗用的机物料、车间管理人员和勤杂人员工资、折旧费、修理费、照明费等,也是按经济用途设置的。当企业生产两种以上产品时,肯定是间接费用,要按一定比例分配于各种产品;但是当企业只生产一种产品时,则制造费用也是直接费用。所以,其中的"间接材料"子目最好改称"一般消耗材料","间接人工"子目改称"车间管理人员及勤杂人员工资",以明确表示其经济用途。

通过以上分析进一步说明,按经济用途确定成本要素的问题,和直接费用、间接费用划分的问题,是两个不同层次的工作,丁是丁,卯是卯,不可混为一谈。永远不可能把某一成本要素(成本项目)归属直接费用或间接费用,三个成本要素都有可能是直接费用,也都有可能是间接费用,直接材料≠直接费用,直接人工≠直接费用,制造费用≠间接费用。

(三)两点说明

1. 要贯彻重要性原则

有些"直接"在工艺过程耗用的辅助材料,如上述工厂装配产品用的螺钉,一般都是领来存放于车间,甲、乙产品共用,因其金额小,可将其记入制造费用的"一般消耗材料"子目,月终和其他各项制造费用一起,按统一分配率,分配于甲、乙产品的"制造费用"项目。

甲、乙两产品共用的钢板,坚持个别分配,分别记入甲、乙产品的"直接材料"项目,而甲、乙产品共用的螺钉,却记入制造费用的"一般消耗材料"子目,统一分配于甲、乙产品的"制造费用"项目,同是"直接"在工艺过程耗用的材料,同是"直接"构成产品实体的材料,为什么处理方法不同?

这是按重要性原则办事。如果对工艺过程耗用的各种各样的金额较小的辅助材料,都要一一直接分配到各种产品的"直接材料"中,将不胜其烦,就会抓了芝麻丢了西瓜。只有分清主次,采用不同处理方法,才便于人们集中精力抓主要材料的节约,这正是成本要素(成本项目)设置的辩证法。

2. 不宜增设"其他直接费用"要素

西方都是把制造成本分为以上三项,而我国有的文献增设"其他直接费用"一项,指工艺过程直接耗用的燃料、动力、外部加工费、专用工具以及生产工人福利费等项而言。笔者认为,增设这一成本要素是欠妥的。

实际上,前几项费用可记入"直接材料"(工艺过程用材料)项目,如果金额不大可记入"制造费用"的"一般消耗材料"子目;生产工人福利费可记入"直接人工"(生产工人工资)项目中。

二、变动成本法

从成本习性来看,有变动成本与固定成本之分。所谓变动成本,是指在生产力不变的情况下,其单位成本相对稳定,而总成本则随产量的增加呈正比增加,也可称为"与产量有关成本",一般包括直接材料、直接人工、变动制造费用(如装配产品耗用的螺钉、搬运工人工资等)三项;固定成本则相反,其总额相对稳定,产量增减对它无影响,也称为"与产量无关成本",主要是指固定制造费用而言,如机器折旧费、车间管理人员工资等。

变动成本法是在制造成本法基础上,进一步把固定制造费用分离出来,也作为"期间成本",直接结转本期损益。这样处理,不仅简化了成本核算工作,而且更便于进行"量、本、利"分析,更便于人们集中精力降低直接材料、直接人工、变动制造费用的单位成本。

但是,不能简单地说,"直接人工"是变动成本,要从工资支付方式来具体分析。采用计件工资时,"直接人工"是变动成本;采用计时工资时,"直接人工"则属固定成本,只要出勤了,不管产量若干,工资照付,但由于产品单位工时是相对稳定的,总工时随产量呈正比增减,故可将计时工资变为变动成本核算。

在此,还要说明一点:在西方,由于变动成本法是将固定性制造费用分离出去,作为期间成本处理,所以把制造成本法称为"完全成本法"。而我国过去的成本计算方法,产品成本不仅包括直接材料、直接人工、全部制造费用,而且还包括管理费用,这就超过了制造成本法,如果也称为"完全成本法"就会造成混乱,所以应称为"超完全成本法",以示区别。

三、变动成本法与制造成本法的结合

变动成本法的唯一缺点,是不该把固定制造费用作为"期间成本"处理,影响了本期存货估价和损益计算,因此,美国会计师协会和所得税局都持否认态度。近年来,美国学术界正酝酿如何将变动成本法与制造成本法结合起来,我国余绪缨教授根据这一新动向,具体提出两法的结合方法如下:

先将直接材料、直接人工、变动制造费用三项变动成本,在生产成本账户进行核算和控制,期末将完工产品的变动成本转入产成品账户,再按销售额转入销售成本账户,这时,存货与损益均按变动成本计算;然后将分离出来的固定制造费用记入"存货中的固定成本"账户,期末不作期间成本处理,而是按当期产销的比例,在本期已销产品各期期末未销产品之间进行分配,将属于本期已销产品应负担的固定成本转入"销售成本"账户,列入损益表,作为本期销售收入的抵减项目,这时,"存货中的固定成本"账户的余额,就是"在产品"和"产成品"应负担的固定成本,按实际比例分别列于资产负债表的两项存货之下。

这就是说,在生产与销售过程中,分两条线核算产品成本:一条线为核算变动成本;另一条线为核算固定成本,两条线结合起来就是制造成本(完全成本)的核算,既保存了变动成本法的优点,以适应企业内部经营管理的需要;又是按制造成本法计算存货价值和损益,以满足国家会计制度的要求。

第四节 划清各种费用"界限观"
——各种费用分配方法的形成

一、划清各种费用"界限观"

在研究成本计算对象与成本要素(成本项目)两个层面的工作之后,就要进一步研究如何汇集与分配各项费用开支,这是成本核算第三个层面的工作。对于各项费用开支,首先要严格审核原始凭证,剔除违法支出,然后要划清各种支出界限,防止化、挤、冲、摊,以便准确地将各项费用,按成本要素(经济用途)汇集于各成本计算对象,准确地算出产品单位成本。形象地说,要过好十关。①

第一关:划清经营支出与非经营支出的界限。

经过确认的支出,要划清经营支出与非经营支出的界限。经营支出是指该企业经营业务所发生的各项费用开支,以工业企业来说,就是工业生产费用;非经营支出,则是指与生产无关的支出,如医务福利部门经费、子弟学校经费等,要将其记入"应付福利费——医务福利部门经费"、"营业外支出——子弟学校经费"等账户的借方,就把这些支出

---

① 拙作《工业成本学》(吉林人民出版社 1986 年版,第 40 页)提出"第一关:划清工业生产费与非工业生产费界限",非工业生产费是指医务福利部门经费,子弟学校经费等项而言,这本来是无可非议的;后来改为"第一关:划清主要业务费用与其他业务费用界限",杨宝旺同志则认为,《企业会计准则》将经营业务分为"主要经营业务与其他经营业务"两类,"其他业务费用"应指材料让售、技术转让等项支出,而不是医务福利部经费等支出。他的这一意见非常好,但为了保存我原来划清几个费用界限的整体设计,现在特将第一关改为"划清经营支出与非经营支出的界限",非经营支出指医务福利部门经费等项而言,并增列"第三关:划清主营业务支出与其他业务支出的界限",其他业务支出指材料让售等项支出。我非常感谢杨宝旺同志。

排除在第一关之外,而让经营支出入关。

第二关:划清收益支出与资本支出的界限。

对于经营支出,还要进一步划清收益支出与资本支出的界限。收益支出是在 1 年以内由各月销售收入补偿的各项支出;资本支出则是购建固定资产、递延资产(开办费、固定资产大修理等)、无形资产的支出,它们要在以后的各个会计年度(几年或 10 年以上)以折旧或摊销形式,一部分一部分地转化为收益支出。因此,要在这里搞好各项资本支出的确认工作,将其记入"在建工程——自营工程"、"递延资产"、"无形资产"等账户借方,排除在第二关之外,而让各项收益支出入关。

第三关:划清主营业务支出与其他业务支出的界限。

对于收益支出还要进一步划清主营业务支出与其他业务支出的界限。主营业务是指企业主要从事的业务,例如,工业企业的产品生产、建筑企业的建筑施工、交通企业的客运与货运等;其他业务支出则是指材料让售、技术转让、固定资产出租、包装物出租等业务活动所发生的支出,要将这些支出记入"其他业务支出——材料销售"等账户借方,排除在第三关之外,而让主营业务支出入关。

第四关:划清本月与跨月费用的界限。

对于主营业务支出还要进一步划清本月费用与跨月费用的界限。因为有些费用,如低值易耗品摊销、预付保险费、固定资产中小修理费等项,其受益期限在 1 个月以上 1 年以内,它们虽然仍属于收益支出,但不能全部作为本月费用,而应先记入"待摊费用"账户借方,然后按费用受益期限,从其贷方一笔一笔地转入本月和以后各月的有关费用账户借方(请注意:企业开办费和固定资产大修理费用等项,其受益期限在 1 年以上,则属资本支出,应记入"递延资产"账户借方)。还有些费用是先预计,而在几个月后(不超过 1 年)才支付,如按季结算的银行借款利息、租金等,须先从"预提费用"账户贷方转入各月的有关费用账户

（如财务费用账户等）借方，嗣后支付时，再一笔记入"预提费用"账户借方。对于待摊费用和预提费用既不许乱提乱摊，又不许一方面按比例摊销或预提计入产品成本，另一方面又将实际支付的这些费用再次计入产品成本（等于同一费用两次计入产品成本），这会造成待摊费用账户借方余额和预提费用账户贷方余额越来越大的怪现象。正确地运用待摊费用和预提费用这两个账户（两个"小水库"），就能把跨月费用排除在第四关之外，而让本月费用入关。

第五关：划清制造成本与期间成本的界限。

对于本月费用，还要进一步划清制造成本与期间成本的界限，将后者记入"管理费用"、"销售费用"、"财务费用"账户借方，让制造成本入关。要防止"管理费用"与制造成本中的"制造费用"互挤。

第六关：划清基本生产与辅助生产的界限。

对于制造成本，还要划清基本生产与辅助生产的界限，将后者记入"生产成本——辅助生产"账户借方（将来再将各种辅助生产费用分配于基本生产的制造成本中），而让基本生产的制造成本入关。

第七关：划清工艺过程费用与车间管理费用的界限。

对于基本生产的制造成本，还要划清工艺过程费用与车间管理费用的界限，将前者记入"生产成本——基本生产"账户借方，同时将后者记入"制造费用"账户借方，以便将各种各样的制造费用集中起来，然后一笔转入"生产成本——基本生产"账户借方。要防止误将各种产品在工艺过程中共同耗用的材料与人工，记入"制造费用"的"间接材料"与"间接人工"项目中，这不利于对料、工两项主要成本进行控制（本章第三节已作详细说明）。

第八关：划清各成本计算对象的界限。

对于基本生产的直接材料、直接人工与制造费用，还要划清各成本计算对象的界限，分别计入有关成本单，不许故意压低可比产品成本，抬高不可比产品成本。

第九关：划清产成品与在产品的界限。

对于汇集于某一成本计算对象的料、工、费,如果是以"月份"作为成本计算时间范围,则每月月末还要采用正确的分配比例,将其划分为产成品成本与在产品成本两部分,不许故意压低或抬高在产品成本。

第十关：划清不同规格产品成本的界限。

如果是以一类产品作为成本计算实体,则分配于某一类产成品的总成本,还要按一定的比例分配于不同规格产品上,以便计算出不同规格产品各自的单位成本。

以上十关,还可分为两个阶段,前七关为第一阶段,需编制各种费用汇集分配表,分别记入有关账户借方,以便划清前七个费用界限(把好前七关);后三关是在成本单中进行的。

这样一层层地剥离,最终正确地计算出产品单位成本。

现以发出材料为例加以说明,如表 2-2 所示。用两种图解形式说明费用汇集规律(划清十个费用开支界限的规律),如图 2-5、图 2-6 所示。

表2-2

材料发出汇总表

20××年××月 　　　　　　　　　　单位：千元

借　方　账　户	金　　额
生产成本——基本生产	
甲类产品	500
乙类产品	230
制造费用	10
生产成本——辅助生产	140
管理费用	60
待摊费用——固定资产中小修理费	10
其他业务支出——材料销售	4

（续表）

借　方　账　户	金　额
递延资产——固定资产大修理费	36
应付福利费——医务室经费	5
合　计	995

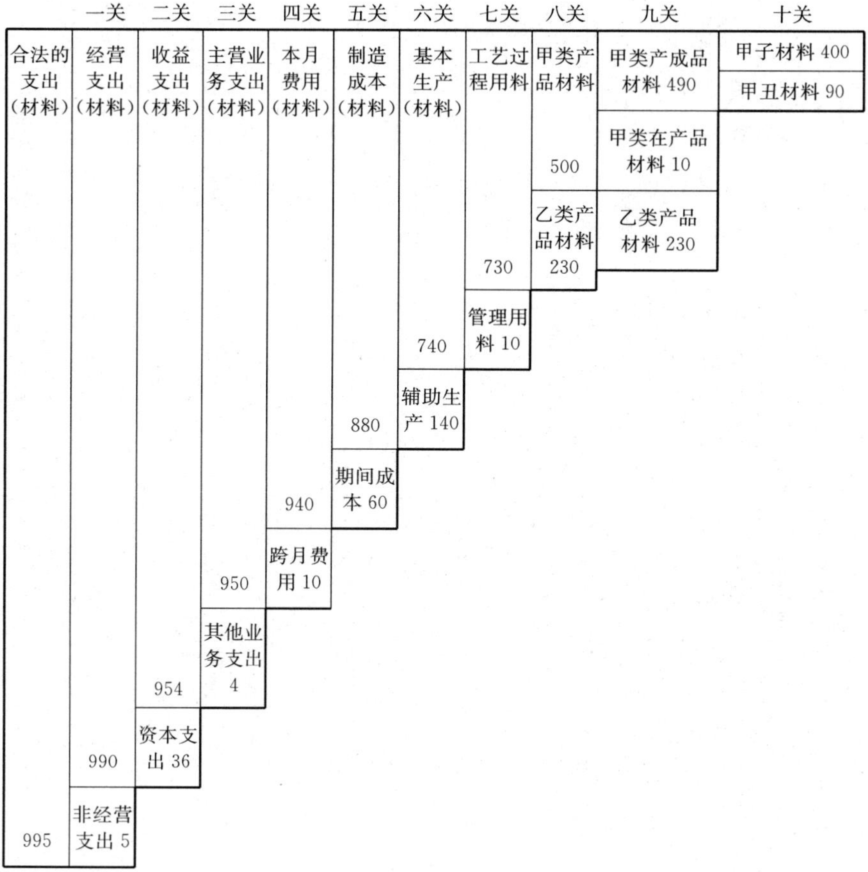

图 2-5　划清十个费用开支界限（过十关）图解一

63

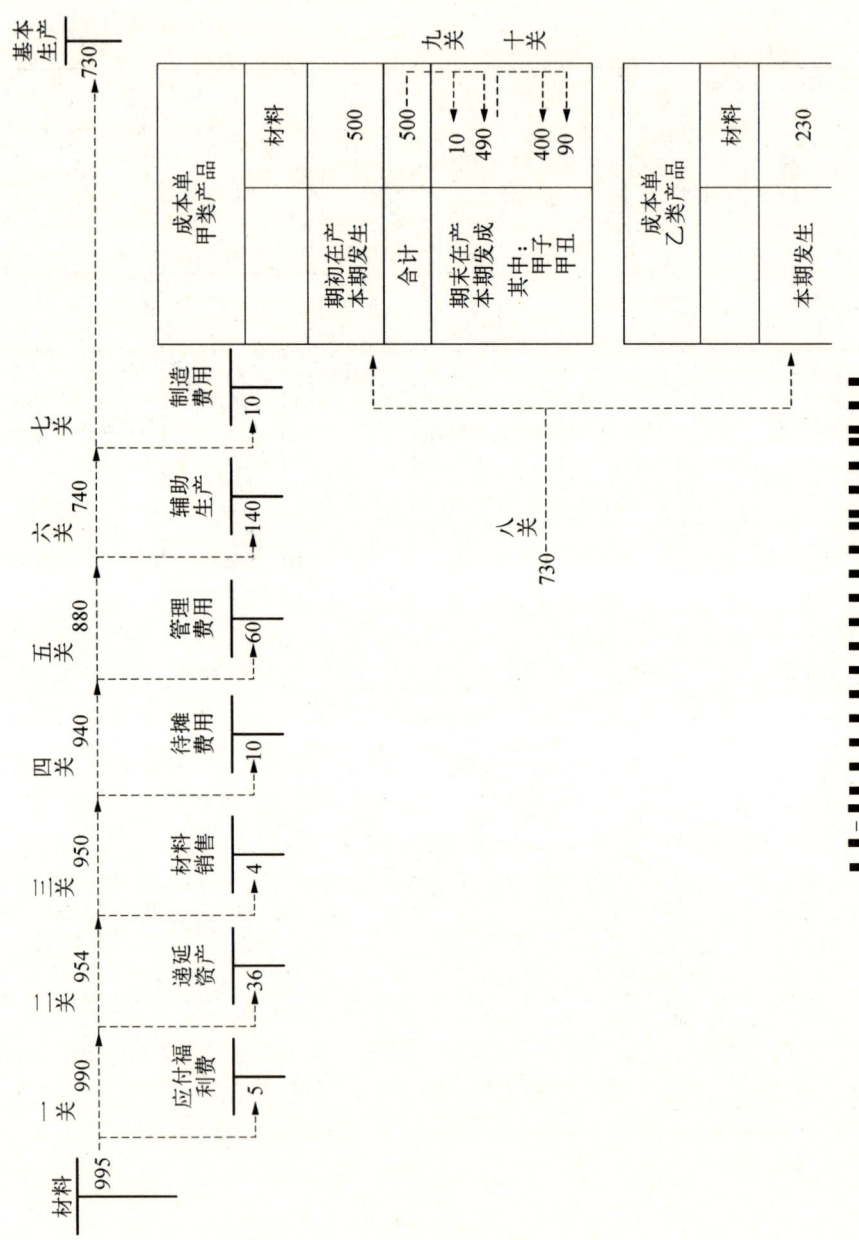

成本单甲类产品	材料				
期初在产	500				
本期发生		500┈┈			
合计			10 ┄┄┐	400 ┄┄┐	
期末在产			490 ┄┘	90 ┄┘	
本期发成					
其中:					
甲子					
甲丑					

成本单乙类产品	材料
本期发生	230

基本生产 730

九关 十关

七关 制造费用 10

六关 740 辅助生产 140

五关 880 管理费用 60

四关 940 待摊费用 10

三关 950 材料销售 4

二关 954 递延资产 36

一关 990 应付福利费 5

材料 995

八关 730

二、费用分配方法

在过十关时,都可能遇到费用分配问题,即如何将共同费用按有关受益大小加以分配的问题。一般采用的分配方法是:耗用原材料数量比例法、生产工时比例法、机器小时比例法、约当产量比例法、定额比例法、系数比例法等。

过去,将"定额比例法"、"系数比例法"作为一种成本计算方法,与分批法、分步法并列,是错误的。

第五节 成 本 计 算 单

"成本计算单"是"生产成本"账户的明细账。

要有非常明显的成本计算"时空"记载。

成本计算单的"首部"应记明:什么"时空"生产什么"产品"若干;"下部"要按三个成本项目,设置"专栏"或"专行"。

现将分批法、分步法的"成本计算单",分别列示如表2-3、表2-4所示。

表2-3

分批法成本计算单
××工厂
产品成本计算单

批号: 订货单位:
品名: 开工日期:
产量: 完工日期:

年	月	凭证字号	摘　要	直接材料	直接人工	制造费用	合　计

（续表）

年	月	凭证字号	摘　要	直接材料	直接人工	制造费用	合　计
			总成本				
			单位成本				

表 2-4

分步法成本计算单

××工厂

产品成本计算单

车间：　　　　　　　　　　　　　　　　　　　　　　　　完工：　　件

半成品：　　　　　　　　年　月　　　　　　　　　　　在产：　　件

成本项目	期初在产品成本	本期发生生产费用	生产成本合计	期末在产品成本	产成品成本	产成品单位成本
直接材料						
直接人工						
制造费用						
合　计						

第六节　开创"创新劳动会计"的第二基础

　　创立成本计算对象"时空观"、成本要素"经济用途观"、划清各种费用"界限观"，就能正确计算产品单位成本（c+v个别价值），就能正确处理"所费"总成本和"所得"产量的矛盾，不断降低产品单位成本，不断提高产品质量。

　　这是开创"创新劳动会计"的第二基础。

小 结

为了正确反映生产过程中所费总成本（c＋v 个别价值）与所得产量（使用价值）的矛盾，要有一套科学的成本计算方法。

（1）创立成本计算对象"时空观"，就说明了分步法（包括分步分类法）、分批法（包括分批分类法）、单步法（包括单步分类法）三种成本计算对象方法的原理。

（2）创立成本要素"经济用途观"，就说明了成本三要素的设置原理，从而说明了制造成本法与变动成本法的产生。

（3）创立"划清各种支出界限观"，就说明了费用汇集与分配规律，从而说明了实际工时比例法、定额比例法等费用分配方法的应用。

不同层面有不同的与成本计算有关的方法，彼此之间相互依存，又相互区别，要掌握分寸，不可含糊，不可混淆。

（1）把"分类法"与三种成本计算方法并列起来欠妥。实际上，是分批分类法、分步分类法、单步分类法。

（2）把定额比例法及系数法从众多的费用分配法中抽出来，跟分步法、分批法、单步法并列起来，也是错误的。定额比例法及系数法是在三种成本计算对象方法的基础上所应用的费用分配方法。

因此，成本计算方法有狭义与广义之分。狭义成本计算方法仅指分步法、分批法、单步法三种成本计算对象方法而言，因为它们是基础。广义成本计算方法则除三种成本计算对象方法外，还包括两种成本要素方法（制造成本法、变动成本法）以及各种费用分配方法（实际工时比例法、定额比例法等），但必须分清它们是三个不同层面的与成本计算有关的方法，不可混为一谈。

成本与收入的产前、产中控制

——开创"创新劳动会计"的第三基础

西方管理会计学,创造了许多产前(建厂、扩建、改建、新产品开发、老产品改造)成本控制方法,例如"可行性研究"、"价值工程"、"盈亏平衡点分析"等,值得我们借鉴,但存在两大缺陷:一是未将"产前产品成本差异"纳入账内核算,与产中"标准成本会计"脱节;二是未进行销售收入的产前道路控制,又丢了半边天。

生产过程"所费"产品成本与"所得"产量的矛盾,销售过程中产品质量与销售收入的矛盾是研究管理会计学的逻辑起点。

我们要建立产前、产中的成本与收入战略控制体系。产前以社会平均数控制预计数,产中以预计数控制实际数,并将产前成本差异与收入差异以及产中成本差异与收入差异,统统纳入账内核算,完成第四次会计大革命。

这是开创"创新劳动会计"的第三基础。

第一节 成本与收入的各种"矛盾观"

一、正确处理所费与所得的矛盾

在生产过程中,存在所费总成本(c+v个别价值)与所得产量(使用价值)的矛盾,这是一对极为重要的矛盾,如果劳动工具与劳动对象先进,劳动者素质高,则所费成本少,所得产量高,单位成本就低,就能创造更多的利润;反之,产品单位成本就高,是极大的浪费,会发生亏损。

因此,要研究如何建立产前与产中有机结合的成本控制体系,以便从战略高度促使产前、产中各责任中心正确处理这对矛盾。

二、正确处理产品质量与售价的矛盾

在销售过程存在产品质量(使用价值)与销售单价($c+v+m$ 社会平均价值)的矛盾,产品质量高销售单价随之高。如果能做到既低耗高产,又优质优价,那当然很好,但往往难以兼顾这两对矛盾,一般是在产品等级既定的情况下,采取"低成本生产战略";有时为了开拓市场,则采取"产品差异战略",宁肯成本稍高一点,以达到优质优价占领市场的目的。

三、正确处理销售成本与销售收入的矛盾

在销售过程按各种质量等级的价值($c+v+m$ 的社会平均价值)与客户等价交换时,存在销售成本($c+v$)与销售收入($c+v+m$)所含价值内容的差别(矛盾),将两者配比,就能计算出在销售过程中所实现的剩余价值 m(利润)。

因此,除了进行产品成本控制外,还要进行销售收入控制,不断降低成本,不断增加收入,以达到增加利润的目的。

四、正确处理个别成本与社会平均成本的矛盾

销售成本与销售收入的矛盾,不仅表现在所含价值内容上的差别,还表现在价值量上的差别。销售成本是 $c+v$ 个别价值,销售收入是 $c+v+m$ 社会平均价值。

因为,价值规律是千千万万生产同一产品的企业,不管其 $c+v+m$ 个别价值高或低,一律按社会平均单位价值去交换的规律。这时就存在个别价值与社会平均价值的矛盾。

事实上,又由于在生产过程中只计算了产品成本($c+v$ 个别价值), m 尚未计算,因此,个别价值与社会平均价值的矛盾仅表现为个别成本与社会平均成本的矛盾。

假设在产品质量已定的情况下,商品的价值是按"社会平均成本+社会平均利润"来确定的。这时,个别成本高的企业会发生亏损,而个别成本低的企业,不仅获得社会平均利润(m),还会获得超额利润($\triangle m$),现举例说明如下:

假设从全社会生产同一产品的企业中,挑选有代表性的甲、乙、丙、丁、戊 5 个企业,其产品都为社会所需要,其个别劳动耗费量为社会所承认,个别成本按大小顺序排列,甲最少,戊最多。那么,当产品一律按"社会平均成本+社会平均利润"的"商品价值"销售时(假设供求平衡,商品价格等于价值,且货币价值不变),戊企业的个别成本不仅大于社会平均成本,而且大于商品价值,因此不仅没有社会平均利润,而且还有亏损;甲企业的个别成本最小,不仅全部得到补偿,并实现了社会平均利润,而且还将戊企业未补偿的那一部分成本(亏损数)及社会平均利润,以超额利润实现;丁企业的个别成本等于商品价值(销售收入),恰好保本,不盈不亏,其未实现的社会平均利润,在乙企业以超额利润形式实现出来;丙企业居中,其个别成本恰好等于社会平均成本,还可推断其个别 m 恰好等于社会平均 m,因此按商品价值销售时,恰好实现丙企业自己创造的全部个别价值 $c+v+m$。这就是市场机制。为了立于不败之地,要千方百计地使个别成本低于社会平均成本。由此可知,价值规律是迫使人们正确处理个别价值与社会平均价值的规律,是迫使人们节约个别劳动时间的规律。可见图 3-1。

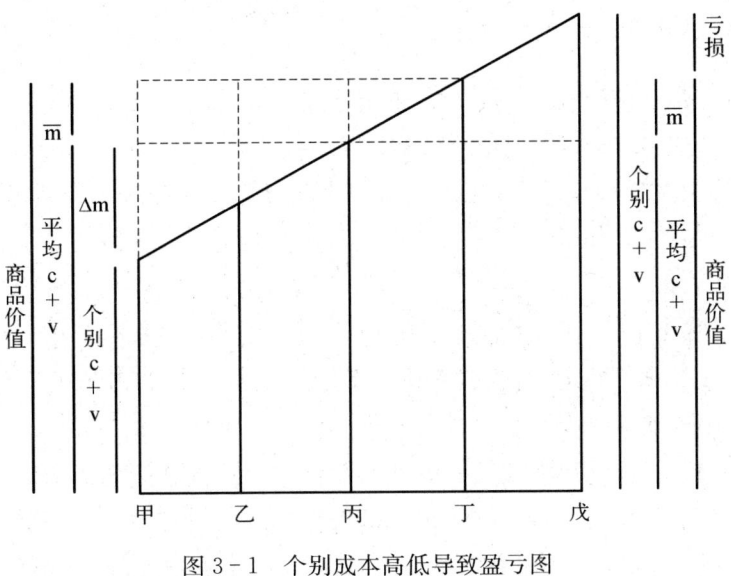

图 3-1　个别成本高低导致盈亏图

如果某一企业不仅低耗,而且优质,即不仅正确处理了所费总成本与所得产量矛盾,而且正确处理了产品质量与销售单价矛盾,情况就更好。

五、从"伟大的生产节约"中求"伟大的内涵增产"

日本占部都美教授在《成本降低战略》一书中,对那些把用过的信封翻过来再用等节约行为,称为"愚蠢的节约",而利用新知识、新技术、新视野去发现大损失的节约行为,称为"伟大的节约"。[1] 占部都美的"节约二分法"并非说在消费领域中节约一张纸、一支笔的精神不值得提倡,这种节约精神是美德,更何况消费领域的浪费,往往十分惊人,提倡消费节约,还可遏制惊人浪费;但从发展生产的战略高度来

———————————

[1]　占部都美著,陈耀茂译:《成本降低战略》,光明日报出版社 1990 年版,第 25 页。

看,应当把眼光和精力放在新知识、新技术、新视野上,厉行"伟大的生产节约"。

我们还可发展古部都美的"节约二分法",把增产也分为两类:内涵扩大再生产是用发展科技的办法来增产,是"伟大的增产";外延扩大再生产是用增加投资、扩大生产规模的办法来增产,是"笨拙的增产",但从整个国民经济的发展来看,适时而又适量的外延扩大再生产,仍是必不可少的。

遗憾的是,过去一谈到节约,就只抓消费节约,忽视生产节约;一谈到增产,就只搞外延增产,忽视内涵增产(且不说盲目建设、重复建设、投资过热、基本建设战线过长所造成的巨大损失)。

再者,愚蠢的消费节约与笨拙的外延增产没有必然的内在联系,而"伟大的生产节约"必然导致"伟大的内涵增产",例如,创造一种降低人力、物力单耗的新技术,就能将节约下来的人力、物力生产更多的产品;有些新技术能变废为宝、变害为宝,就更高级了;创造一种新的管理方法,如"全面质量管理",实现"零次品"也等于增产,又如,"适时制"要求在供、产、销各环节实现"零存货"就能用尽量少的钱完成尽量多的生产任务等,都是"从伟大的生产节约中求伟大的内涵增产"。

从"伟大的生产节约"中求"伟大的内涵增产",也就是马克思赞许古典经济学家李嘉图的一句名言:"真正的财富在于用尽量少的价值创造出尽量多的使用价值",在再生产过程中充满着价值与使用价值矛盾,谁能发展科学技术提高生产力从生产节约中求内含增产,谁就能用尽量少的价值创造出尽量多的使用价值,谁就富强;反之,则贫穷落后。由此可知,价值与使用价值矛盾是人类社会发展的主要矛盾,用发展科学技术提高生产力的办法,从生产节约中求内涵增产,是正确处理价值与使用价值矛盾的根本途径,也就是人类社会发展的根本途径。

六、建立成本与收入产前、产中控制体系的意义

上已说明，再生产过程处处存在价值与使用价值的矛盾，并且最终都转化于两对重要矛盾之中，一是所费总成本（c＋v 个别价值）与所得产量（使用价值）的矛盾；二是产品质量（使用价值）与销售单价（c＋v＋m 社会平均价值）的矛盾。正确处理这两对矛盾，就能不断降低销售成本，增加销售收入，实现更多的利润（更多的剩余产品）。

经济战场和军事战场一样要想"从伟大的生产节约中求伟大的内涵增产"，第一，要有一个英明的企业经理；第二，要有发明创造科学技术与管理方法的将士（科学技术人员、管理人员和生产工人）；第三，要有算好科技进步账的军师（总会计师），才能辅助企业经理指挥各责任中心，由胜利走向胜利。

而要算好科技进步账，就必须建立产前、产中有机结合的成本控制体系与收入控制体系。这就充分说明，成本与收入控制工作在人类社会发展上，又是极为重要的工作。

七、两条竞争道路的抉择

（一）"利润—市场—成本—科技"竞争道路的利弊

西方是从开展利润竞争入手，而关注市场需要与价格，从而关注产品成本与销售单价，并从而关注科技进步，导致物资丰富，带动整个社会的发展。

这是不是一条最理想的道路？ 否。

因为利润实际上是由几块组成，即简单再生产与外延扩大再生产创造的社会平均利润（发实财）、内涵扩大生产创造的超额利润（发喜财）、涨价增利（发虚财）、采用不正当手段而获得的利润（发横财）。成功的企业家都是把精力放在发展科学技术上，以获得"社会平均利润＋

超额利润",然而,有的企业却把精力放在涨价增利上,甚至专想发横财,就十分可恶。

所以,美国评论家罗伯特·塞缪尔森在所写的《令人啼笑皆非的资本主义》一文中指出:"要在毫无可取之处的'贪婪'和有价值的'刺激'之间画一条界线是不容易的……资本主义的善与恶紧紧地交织在一起。市场的进程是混乱的。"①

(二)"市场—科技—低耗高产优质—超额利润"竞争道路更美

为了消除从"开展利润竞争"入手,所带来的消极因素,我们应根据市场需要(社会不断发展的需要),从"开展科技竞争"入手,努力发展科学技术与管理方法,提高生产力,开发出"低耗、高产、优质"的新产品,不断降低销售成本,增加销售收入,在实现社会平均利润的基础上,实现更多的超额利润。

这条新的竞争道路可概括为:"市场—科技—低超高产优质—超额利润"。这是一条更美的竞争道路,它排除了"发虚财"、"发横财"的消极因素。

第二节　论第四次会计大革命

一、会计发展史——前三次会计大革命概略

自从 13 世纪初,佛罗伦萨(Florence)城的贷金业者首创人名账户借贷复式记账法以来,会计经历了三次大革命。

(一)第一次会计大革命

13 世纪末,贷金业的人名账户借贷记账法被地中海沿岸佛罗伦萨

---

① 载美国《新闻周刊》1989 年 1 月 9 日,《参考消息》1989 年 2 月 13 日转载。

和吉诺亚(Genoa)等城市的商人应用后,仅在账外记载各种商品的进出数,尚未纳入账内核算(即尚未交账内设置商品账户计算损益,进行复式记账),所以这是第一次会计大革命的酝酿时期。

经过百多年后,到 15 世纪初,威尼斯商人才在吉诺亚式簿记法基础上,正式根据商品账户计算销售毛利,结转损益账户,再根据损益账户计算净利,结转资本账户,创立了商业借贷复式簿记学。这是第一次会计大革命,会计走进了千千万万的商业企业。

(二)第二次会计大革命

15 世纪后,工厂(作坊)应用威尼斯商业簿记法时,是在账外采用期末盘存在产品成本的方法,倒算出产成品成本,这是第二次会计大革命的酝酿阶段。

又经过 400 多年,到 19 世纪末,英、美等国会计学家才在期末盘存在产品倒算产成品成本方法基础上,增设"在产品"总账及其明细账(成本计算单),创立分批成本会计制度与分步成本会计制度,形成了工厂账户与普通账户融为一体的"工业会计学"。这就是第二次会计大革命,工业会计走进了千千万万的工厂。

(三)第三次会计大革命

19 世纪末 20 世纪初,泰罗提出"科学管理"理论,其核心思想是通过时间研究、动作研究等,来制定在一定生产条件下认为可以实现的、同时又是做事的最佳标准,以实现生产的各个方面高度标准化。但只是在账外考核,尚未纳入账内核算,这是第三次会计大革命的酝酿阶段。

1920 年,美国全国成本会计师协会召开首届年会,对标准成本会计制度讨论得很热烈,这标志着人们已不满足于事后的"成本计算",而要求结合泰罗制的实施,制定人工、材料等项的消耗标准,在生产过程中对各项费用及时加以控制,并将实际成本与标准成本对比,求出节约或浪费数额,设置材料与人工的"效率差异"与"价格差异"账户,以及"制造费用的预算差异"账户,加以核算。这样一来,就形成了"标准成本会计学",这就是第三次会计大革命,拉开了迈向管理(控制)活动的光辉里程。

二、第四次会计大革命的孕育

随着科学技术的高速发展,产业界的眼光已由标准成本会计的产中成本控制,转向产前成本控制,这是成本控制工作的战略转移。

1947年,美国通用电气公司工程师麦尔斯(Miles)提出"价值工程"理论,要在新产品设计或老产品改造时尽量采用新结构、新工艺、新材料、通用件、标准件等,以期所费产品单位成本最少,而所得功能最大。

人们在实践中还逐渐认识到,在建厂或扩建、改建时,要进行"可行性研究",即对市场需要、厂址选择、生产技术选择等方面进行全面的调查研究,从而预测投资总额是否最少,产品成本是否最低,产品质量是否最好,利润是否最多。

这样一来,就创造了许多产前预测、决策与控制方法,如"量、本、利分析法"、"目标成本"、"决策成本"、"投资收回期法"、"现值法"、"内含报酬率法"、"敏感分析法"、"产品定位分析"等,迅速为各国采用,而形成一门"决策性管理会计"新科学。这时,会计就发生了质变,从单纯的"事后记账、算账、报账"桎梏中解放出来,发展为一门新兴的战略管理会计,成为企业经营管理的重要手段,"运筹帷幄、决胜千里"。美国学者霍恩格伦在《高级成本管理会计》一书的第一章开头就说"作者撰写本章时,过去的一些会计人员,现在已成了伯利恒钢铁公司、通用汽车公司和通用电气公司等许多大型公司的最高层主管人员。"[①]这就充分

---

① Charles T. Homgrem,上海财经学院会计系《会计译丛》小组译:《高级成本管理会计学》(上册),中国财政经济出版社1986年版,第1页。

说明,会计学发生了质变,因而会计人员的地位也发生了变化。

但是,这种"决策性管理会计"(战略会计学)还存在明显的缺点:第一,标准成本会计所计算的产中成本差异数额小(仅能降低成本 1%～3%),是一次性的,已纳入账内核算,而产前成本控制差异数额大(约能降低成本 15%～30%),并且是长期性的,反而摆在账外,显然是"抓了芝麻,丢了西瓜";第二,产前与产中成本控制脱节,产中标准成本的制订失去依据,有理想标准成本、完美标准成本、现行可达到标准成本等理论,因而其算出的成本差异难以说明问题;第三,更严重的是忽视了产品质量(使用价值)与销售单价($c+v+m$ 社会平均价值)的矛盾,未进行销售收入的产前、产中控制,亟待进一步完善。这充分说明了第四次会计大革命的浪潮正向我们迎面扑来。

三、进行第四次会计大革命

综观前三次会计大革命,它们有一个共同特点,都是随着经济的发展,产生某种新的经济业务后,开始是在账外计算与考核,经过一段时期才纳入账内核算,而完成一次会计大革命。

现在,已是水到渠成的时候,我们有必要把"决策性管理会计"中,在账外预测的产前成本差异纳入账内核算(即当产前工程完工投入生产后,年年月月按实际产量计算其产前成本差异,纳入账内核算);同时,创立产前、产中有机结合的收入控制体系,并把产前、产中收入差异也纳入账内核算。

这时,就完成了第四次会计大革命,形成产前、产中有机结合的成本控制体系与收入控制体系(即产前以社会平均成本与收入控制预计数,产中以预计成本与收入控制实际数,并将产前、产中成本差异与收入差异统统纳入账内核算),把"决策性管理会计"与"财务会计"融为一体,形成跨进 21 世纪的"新战略会计学"以便一手抓"低成本生产战略"

（低耗高产），一手抓"产品差异战略"（优质优价）。两手一起抓就能在尽量少的劳动时间（物化劳动与活劳动）里创造出丰富的物质财富，前途无量。

第三节　创立产前、产中有机结合的战略控制体系

——开创"创新劳动会计"的第三基础

一、产品成本与销售收入的产前控制——杰出人才创新劳动的主要战场

（一）社会平均数的取得

要在"社会平均销售单价－社会平均单位成本＝社会平均单位利润"基础上，进行产前的成本控制与收入控制，以达到创造更多超额利润的目的。

上列三个社会平均指标的计算顺序是：第一，由国家统一规定社会平均资金利润率（不分行业，比银行贷款利率稍高），乘以投入各该企业的资金，再除以预计年产量，就可求出各该企业所生产的产品的社会平均单位利润（如果同时生产几种产品，则要根据各产品的原材料消耗量、直接人工工时，或机器工时等因素，分别确定产量系数，分别乘以各该产品预计年产量，求出预计标准总产量，再分别计算各该产品的社会平均单位利润），这是关键；第二，根据市场信息，统计各该产品的社会平均销售单价；第三，社会平均销售单价－社会平均单位利润＝社会平均单位成本（由此可知，社会平均单位成本是倒算出来的，实际上，就是西方所称"目标成本"）。有时，为了增强市场竞争能力，要求产品质量（功能）比竞争对手好，而销售单价比竞争对手低，产品社会平均单位利

润不变,则目标成本(社会平均成本)必须跟着低,就迫使科技人员创造发明新产品、新加工方法。

(二)产前以社会平均数控制预计数并将差异纳入账内核算

产前控制是在建厂、老产品改造、新产品开发、或厂房机器设备扩建改建时,要提出多种先进科学技术方案,预测选优。

具体来说,建厂时,以建厂筹备小组为经济责任中心,对市场进行周密而有远见的调查研究,采用产品战略定位分析等方法,选择最有前途的产品,然后提出几种最先进的建厂方案(包括厂址选择、厂房建筑、机器设备选购、产品设计等),采用"可行性研究"与"价值工程"等方法分别预测,选择建厂预计产品单位成本尽可能低于社会平均单位成本,预计销售单价尽可能高于社会平均销售单价的最佳方案。这是降低成本与增加收入的关键,是"百年大计",要慎之又慎。决策正确就可在国内外市场独树一帜,竞争能力强,能为企业创造超额利润,而且年年受益;反之,决策失误,企业难以翻身。

嗣后,由于市场供求变化或原有事前工程决策失误,而须进行老产品改造、新产品开发,或厂房机器设备扩建改建时,要以设计科、技术科、设备科或基建科为经济责任中心,提出多种先进技术的可行方案分别预测,选择新的预计产品单位成本尽量低于原预计产品单位成本、新预计销售单价尽量高于原预计销售单价的方案。这就形成了一环扣一环的产前控制体系,一次又一次地计算产前成本差异与收入差异。科学技术的发展永无止境,产前的成本控制与收入控制也永无止境,紧紧抓住它,企业就能茁壮成长。

西方管理会计的缺陷是产前成本未纳入账内核算,而且未核算产前预计销售收入差异。现在要明确指出在进行产前工程时,产前成本差异与收入差异是"画饼",暂不能记账;但一俟各该产前工程完工投入生产后,则每生产一件产品就有一份(一连串)产前成本差异与收入差异成为事实，而且其效用（低耗优质或高耗劣质）长存，因此每年每月要按实际产量计算其差异、老产品改造成本差异、老产品改造销售收入差异、新产品开发成本差异等。

这里凝结着产前工程科技人员、管理人员的辛勤劳动所创造出的"创新劳动剩余价值 Δm"。

二、产中以预计数控制实际数——杰出人才创新劳动价值的第二战场

（一）标准成本会计和三种成本计算对象方法以及两种要素方法的关系

要明确指出，产中成本控制（仍可称为"标准成本会计"或"定额法"）是在三种成本计算对象方法及两种成本要素方法基础上，在成本计算单（生产账户一级明细账）中，对三个成本要素（生产账户二级明细账），以产前预计成本为标准，控制实际成本最低。

这就清晰地说明了，产中成本控制方法跟三种成本计算对象方法以及两种成本要素方法的关系，它们是三个不同层次的方法，既有联系，又有区别，千万不可并列起来。

（二）要以产前预计数控制产中实际数

每当产前工程完工投入生产后，要将产前预计产品单位成本分解到车间、班组、供应科等经济责任中心，促使他们采取各种技术组织措施（例如创造新的加工方法、套裁方法、及时制、全面质量管理、作业成本法等），控制实际产品单位成本尽量低于预计产品单位成本。

产中成本差异是各月发生的，是一次性的，在当月纳入账内核算。

这时，就与过去孤立地搞标准成本会计（定额法）不大一样，一是克服了定额制定的随意性，二是对产前成本差异（主要部分）的实现，起了

保证作用。

与此同时，还要以产前预计销售单价为标准，责成销售人员搞好推销工作，并将产中销售收入差异也纳入账内核算。

这时，就圆满地完成了第四次会计大革命。

（三）革新产后反馈控制

通过产前、产中控制的有机结合，就把实际成本分为社会平均总成本、产前成本差异、道路成本差异、客观成本差异四块，现时把实际销售收入分为社会平均总销售收入、产前收入差异、产中收入差异、客观收入差异四块。

有了这样科学的信息系统，就可详细考查产前、产中各责任中心的经营业绩，反馈控制未来，激励全厂职工一手抓"低成本生产战略"（低耗高产），一手抓"产品差异战略"（优质优价），一心一意发展科学技术（包括管理方法），不断提高生产力，以达到"三个有利于"（有利于发展社会主义社会的生产力、有利于增强社会主义国家的综合国力、有利于提高人民的生活水平）的战略目标。

详见第四章"利润分块责任制——简易法或产前、产中细算法"。

第四节 建厂时预控产品单位成本与销售单价
——可行性研究

这是人才创新劳动的主要战场。在什么地方建什么工厂，要慎之又慎。要防止盲目建厂、重复建厂。

建厂既要讲求眼前的投资经济效益，又要考虑长远利益（如开发内地资源、发展内地文化等）。为此，要在"可行性研究"的基础上预测预控产品的单位成本与销售单价。

一、可行性研究

可行性研究一般包括下列几方面。

（一）市场情况调查和预测销售收入

这是可行性研究的首要问题。要摸清目前和将来社会对某种产品的需要量，以便确定年产量，预测销售单价和销售总收入，从而确定建厂规模（特别要防止盲目建厂、重复建厂）。

（二）厂址选择

战略上最佳厂址的确定要考虑下列几点：① 研究地表和地形、土地平整、气象的可行性；② 水、电条件，协作条件的可行性；③ 资源储量、原材料来源的可行性；④ 交通运输的可行性；⑤ 工业布局的可行性，即发展经济、发展文化、巩固国防、环境保护等的可行性；⑥ 原材料购买储存问题是否容易解决。

（三）生产技术的选择

采用什么生产技术要考虑下列几点：① 该生产技术的特点及优点，是否适合国情，是否配套；② 需要什么操作条件、人员配备，能否办得到；③ 环境保护问题是否容易解决，需要多少资金；④ 综合利用情况怎样；⑤ 是否需要自动化、半自动化，需要多少资金；⑥ 技术发展趋势，技术寿命长短；⑦ 全厂总布局问题（原材料、半成品搬运路线是否最短）；⑧ 整个工程建设进度问题。

二、投资总额预控

投资总额包括平整土地费用、基建工程成本、机器设备价款、安装费和开办费。因此，建厂时，首先要预控各项固定资产成本及递延资产（开办费）成本；然后将年折旧额及摊销的开办费计入建厂预测产品成本的制造费用中。

三、建厂时影响产品成本的因素

建立时,下列因素影响产品成本:

(1) 由于厂址选择而决定的资源远近、交通方便与否、燃料动力有无保证、与其他企业协作是否方便,等等,会影响原材料、燃料、动力的单价;

(2) 由于工厂所在地区文化水平的高低,会影响小时工资率;

(3) 由于工程条件的好坏、环保工作的难易而影响投资总额,从而影响年折旧额、固定资金占用费及利息;

(4) 资源条件、交通条件、地区文化水平也会影响年管理费;

(5) 设备好坏,影响原材料消耗数量、生产工时、废品率;

(6) 设备好坏、市场情况影响年产量。

四、建厂时产品成本的预测

建厂时,应以产品社会平均单位成本为标准,变动上述诸因素,就是建厂时的预计产品单位成本。其计算公式如图 3 - 2、图 3 - 3、图 3 - 4 所示。

(1) 直接材料单位成本:

社会平均单耗×社会平均单价＝社会平均材料单位成本

受设备│影响　　　　受厂址│影响
↓　　　　　　　　↓

建厂预计单耗×建厂预计单价＝建厂预计材料单位成本

图 3 - 2　建厂时直接材料单位成本预测

(2) 直接人工单位成本:

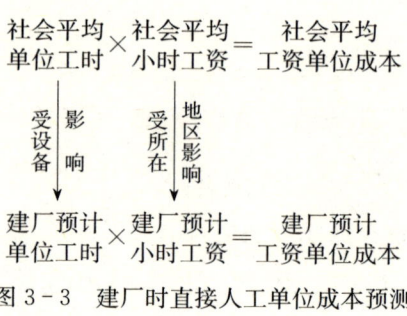

图 3-3　建厂时直接人工单位成本预测

（3）固定制造费用单位成本：

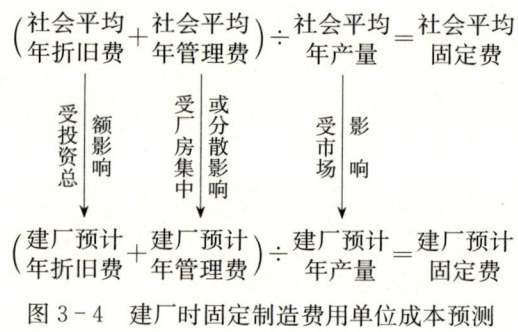

图 3-4　建厂时固定制造费用单位成本预测

（变动制造费用单位成本计算公式从略）

五、技术经济总评价

一般采用"加数评分法"，即根据每一项目的不同情况，规定不同的评分，然后分别考查各方案对每一项目能得的分数，最后分别总计各种方案的总分，以确定哪一方案最好。如表 3-1 所示。

从表 3-1 可看出，第一方案成本高、利润低，但从整个国民经济长远利益来看，该方案的产品先进适用，将来有可能提高销售单价，特别是对发展后方文化、巩固国防有重要意义，此外公害小。因此，从各方面来综合考查，仍以第一方案最好。

表 3-1

技术经济总评价表

类别	评 分 内 容	评价分数	方案一	方案二	方案三
产品目标	比别厂同类产品先进适用	3	3		
	部分技术经济指标比别厂同类产品好	2		2	
	没有技术上缺点	1			1
未来市场	新的市场规模大	3	3		
	次之	2		2	
	再次之	1			1
资源条件	能全部解决	3			3
	部分解决	2		2	
	大部分要开发(或进口)	1	1		
工程条件	好	3			3
	较好	2	2		
	较困难	1		1	
投资总额	小	3			3
	中	2	2		
	大	1		1	
预计成本	比同类产品低	3			3
	与同类产品相近	2		2	
	比同类产品高	1	1		
预计利润	高	3			3
	中	2		2	
	低	1	1		

（续表）

类别	评 分 内 容	评价分数	方案一	方案二	方案三
环境影响	公害影响不大	3	3		
	公害影响较大，要采取一般措施	2		2	
	公害影响最大，要采取复杂措施	1			1
发展文化	对当地文化发展有大作用	3	3		
	次之	2		2	
	再次之	1			1
巩固国防	有重要意义	3	3		
	次之	2		2	
	不利于战备	1			1
	总分		22	18	20

第五节　产品设计时预控产品单位成本与销售单价

——价值工程

这是人才创新劳动的另一主战场，要再接再厉。

一、价值工程的中心思想

人们经常看到，有的产品按设计的使用寿命正常报废时，其中有些零部件还可使用相当长的时间，这就造成极大的浪费。这是由于设计人员因循守旧，有些零部件的保险系数过大，所以，必须把技术和经济结合起来，寻求功能最大而成本最低的设计方案。

"价值工程"（Value Engineering）或"价值分析"就是适应上述客观

要求而产生的。其中心思想是要求产品设计时,在保证产品整体功能(甚至提高产品整体功能)前提下,尽量消除某些零部件的多余功能,以达到降低成本的目的。

但从考查的角度来看,与产品成本计算不同:

产品成本计算是从所费总成本与所得产量来考查。其计算公式是:"总成本÷产量＝单位成本",侧重于降低"一件产品的成本"。价值工程则是从所费成本与所得功能来考查,计算公式是:"功能÷成本＝价值",侧重于提高"一元成本的功能"即提高"一元成本(c＋v 个别价值)的销售价值(c＋v＋m 社会平均价值)"。既要成本低,又要功能大(价值大)。

二、如何提高产品价值

提高产品价值的方式,大致有下列几种:

$$功能\uparrow \div 成本\downarrow = 价值\uparrow$$

$$功能\uparrow \div 成本\rightarrow = 价值\nearrow$$

$$功能\uparrow \div 成本\nearrow = 价值\nearrow$$

$$功能\rightarrow \div 成本\downarrow = 价值\nearrow$$

$$功能\rightarrow \div 成本\searrow = 价值\rightarrow$$

提高产品价值的途径有五:① 除去某些零部件多余功能;② 以其他价廉材料代替;③ 采用标准化零部件;④ 采用新技术、新工艺;⑤ 创造发明新产品(产品差异战略)。

三、如何选择分析对象

新产品设计必须作为分析对象。

老产品改造则从下列几方面考虑:从量大面广的产品中选择;从

畅销产品中选择(以保证竞争优势);从退货多的产品中选择;从结构复杂的产品中选择(由于结构复杂,容易产生有些零件功能有余,而另一些零件功能不足的现象);从技术经济指标差距大的产品中选择,等等。

四、如何发现原设计方案的问题

应在广泛深入调查研究的基础上,进行"功能÷成本"分析。因为就一般情况来说,"一分钱,一分货",所以重要的零件(功能大的零件)应多花一点钱,材料要用好一点的,加工要细一点;对次要的零件则少花一点钱。如果重要零件所费少,就可能产生功能不足的问题;而次要零件所费多,又可能导致功能过剩。例如,做一双鞋子,鞋底重要些,应多花点钱,保证轻、软、耐磨,鞋面次要些,则少花点钱,保证美观,并与鞋底同等耐穿程度,就行了。就是说,保证鞋底、鞋面大体上同时烂,才是最经济的。如果鞋底先烂,鞋面还很结实,则鞋面功能有余;反之,则鞋底功能有余。这两种情况都不好。要么鞋底、鞋面都用易破的材料做(但美观),造价低,售价低,用户欢迎;要么都用优质材料做,造价高,售价高,但经久耐穿,用户也欢迎。其具体方法有以下两方面。

(一)对各零件功能重要性评分

评价各零件在产品中的重要程度,一般采用"一对一评分法",即在表 3-2 中,将每个零件与其他零件逐个相比,重要的得一分,次要的得零分。然后总计各零件的得分就可对各零件的重要性进行排队。

例如,有 A,B,C,D,E,F,G,H 八种零件,其重要程度经评分如表 3-2 所示。

表 3-2

零件功能一对一评分表(评判员：甲)

零 件	A	B	C	D	E	F	G	H	合 计
A	×	1	1	0	1	1	1	1	6
B	0	×	1	0	1	1	1	1	5
C	0	0	×	0	1	1	1	0	3
D	1	1	1	×	1	1	1	1	7
E	0	0	0	0	×	0	1	0	1
F	0	0	0	0	1	×	1	0	2
G	0	0	0	0	0	0	×	0	0
H	0	0	1	0	1	1	1	×	4
合 计									28

从上述评分结果来看,D 零件最重要,得 7 分;G 零件最不重要,得零分。

由于各人见解不同,评分结果不可能完全一致;因此,也可多请几个人分别进行评分,然后求出平均得分数。

例如,有三个评判员,评分如表 3-3 所示。

表 3-3

平 均 得 分 表

零件名称	第一评判员	第二评判员	第三评判员	总 分	平均得分
A	6	5	6	17	5.67
B	5	5	4	14	4.67
C	3	4	3	10	3.33
D	7	7	7	21	7
E	1	1	1	3	1
F	2	3	2	7	2.33
G	0	0	0	0	0
H	4	3	5	12	4
合 计	28	28	28	84	28

如果零件过多,也可先采用"A,B,C 分析法"将零件进行分组,找出存在问题较多或主要零件,进行"一对一评分",其余零件从略。

(二)从价值系数大小发现问题

一般运用下列三公式:

(1)某零件功能系数 $=\dfrac{某零件功能得分}{各零件功能总分}$

即某零件的功能在总功能中所占比值的大小。

(2)某零件成本系数 $=\dfrac{某零件上期(或设计)单位成本}{各零件上期(或设计)单位成本之和}$

即某零件的成本在总成本中所占比值的大小。

(3)某零件价值系数 $=\dfrac{某零件功能系数}{某零件成本系数}$

此系数以便考查某零件所得功能与所费成本是否相适应:等于 1,表明功能与成本相适应;小于 1,为功能有余;大于 1,为功能不足。

现设例,计算各零件价值系数如表 3-4 所示。

表 3-4

各零件价值系数计算表　　　　　单位:千元

零件名称	从功能与成本是否相适应进行探索				
	平均功能得分	功能系数	上期实际单位成本	成本系数	功能系数 成本系数
A	5.67	0.202 5	12.60	0.252	0.804
B	4.67	0.166 8	20.80	0.416	0.401
C	3.33	0.118 9	2.00	0.040	2.973
D	7	0.250 0	1.95	0.039	6.410
E	1	0.035 7	4.25	0.085	0.420

（续表）

零件名称	从功能与成本是否相适应进行探索				
	平均功能得分	功能系数	上期实际单位成本	成本系数	功能系数成本系数
F	2.33	0.083 2	2.80	0.056	1.486
G	0	0	0.55	0.011	0
H	4	0.142 9	5.05	0.101	1.429
合计	28	1	50	1	—

G零件的价值系数为零,表明该零件可省去;A,B,E零件的价值系数小于1,表明功能有余;C,D,F,H零件的价值系数大于1,表明功能不足。

改进设计的途径有二:一是在保证原有整体功能前提下,消除G,A,B,E零件多余的功能,以降低产品成本;二是适当增加C,D,F,H零件的成本,以提高整体功能。

要强调指出,上述意见仅供参考,不作定论,应发动群众多提改进的方案。因为一项"巧夺天工"的设计方案,往往既能大幅度降低产品成本,又能大幅度提高产品功能。因此,关键在努力发展科学技术。

五、如何预测新方案的产品成本

（一）产品设计时影响成本的因素

（1）是否采用最合理的材质和结构,是否采用最先进的保险系数,会影响材料的单位消耗数量;

（2）设计好坏影响工时;

（3）设计好坏影响废品率;

（4）由于改变产品设计可能要增加设备或改装设备,因而增加折旧费、资金占用费及利息;

（5）由于改变产品设计也可能影响产量。

（二）产品成本预测

在建厂预计产品单位成本基础上变动上述因素，就是"产品设计改造时预计产品单位成本"。

其计算公式如图3-5、图3-6、图3-7所示。

1. 直接材料单位成本

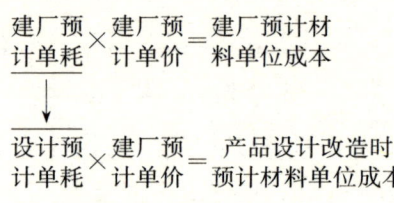

图3-5　产品设计时预测直接材料单位成本图

2. 直接人工单位成本

$$\frac{\text{建厂预计}}{\text{单位工时}} \times \frac{\text{建厂预计}}{\text{小时工资}} = \frac{\text{建厂预计}}{\text{工资单位成本}}$$

$$\downarrow$$

$$\frac{\text{设计预计}}{\text{单位工时}} \times \frac{\text{建厂预计}}{\text{小时工资}} = \frac{\text{产品设计改造}}{\text{时工资单位成本}}$$

图3-6　产品设计时预测直接人工单位成本图

3. 固定制造费单位成本

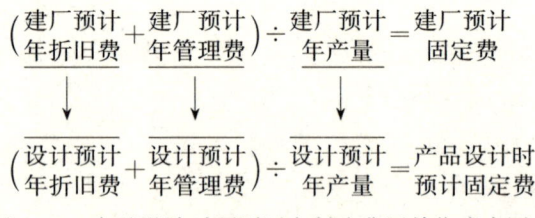

图3-7　产品设计时预测固定制造费用单位成本图

（变动制造费用单位成本计算公式从略）

六、多种设计方案选优

假设提出四种设计方案，并已分别预测其成本，须进一步选优。

（一）分析各改革方案所得功能大小

产品的功能可分为基本功能与辅助功能。例如，茶杯的基本功能是泡茶喝，而经久耐用、轻便美观等则是辅助功能。不同功能应给不同评分，一般按功能的重要性排队，分别给予1，2，3，…分等，这就是功能重要性评分，用 ϕ 表示。然后考查每一改革方案对各种功能的满足程度，采用10分制，这就是功能满足程度评分，用 S 表示。

现举例如表3-5所示。

表3-5

各种功能的评分表

功能名称（代号）	甲	乙	丙	丁	戊	加权功能总分（$\Sigma\phi S$）
功能评分 ϕ	5	3	4	1	2	
第一方案功能满足程度 S	8	3	9	10	7	109
第二方案功能满足程度 S	8	4	10	10	8	118
第三方案功能满足程度 S	9	8	5	10	8	115
第四方案功能满足程度 S	8	7	10	10	10	131

（二）结合变动费、固定费、产量选优

由于有的设计方案质量好（功能大），但要增添价值高的设备，固定费高；有的设计方案功能较小，但增添设备不多，固定费低。因而要结合产量全面考查。

假设上述四种设计方案单位变动费、总固定费、单位使用费如表3-6所示，则不同产量下各方案优劣，可在表中进行比较。

表3-6

全面的功能/成本分析表　　　　　　　　　　　　　单位：千元

年产量	方案	功能总分	单位变动费	单位固定费	单位使用费	成本合计	功能÷成本	评价
300件	一	109	34	6 000÷300＝20	1	55	109÷155＝1.982	最好
	二	118	28	10 000÷300＝33.33	1.5	62.83	118÷62.83＝1.878	
	三	115	20	12 000÷300＝40	2	62	115÷62＝1.855	
	四	131	10	18 000÷300＝60	1	71	131÷71＝1.845	最差
400件	一	109	34	6 000÷400＝15	1	15	109÷50＝2.18	
	二	118	28	10 000÷400＝25	1.5	54.5	118÷54.5＝2.165	最差
	三	115	20	12 000÷400＝30	2	52	115÷52＝2.212	
	四	131	10	18 000÷400＝45	1	56	131÷56＝2.339	最好
1 000件	一	109	34	6 000÷1 000＝6	1	41	109÷41＝2.659	最差
	二	118	28	10 000÷1 000＝10	1.5	39.5	118÷39.5＝2.987	
	三	115	20	12 000÷1 000＝12	2	34	115÷34＝3.382	
	四	131	10	18 000÷1 000＝18	1	29	131÷29＝4.517	特好

因此，应根据将来可能达到的年产量，选择最佳方案。

究竟采用哪一方案好，还要从增强市场竞争力、开拓新市场等长远利益多加考虑，既要低耗高产，又要优质优价。也就是说，既要采取"低成本生产战略"，又要采取"产品差异战略"。

七、企业家的战略

有远见的企业家为了占领市场，常常向产品设计员提出一种极高的要求，即产品功能要比竞争对手高，产品销售价比竞争对手低，而利润不能少。

这就迫使科技人员千方百计地创造发明新产品,例如,日本的"傻瓜照相机",就是这样被迫创造出来的。

第六节　产中成本控制
——标准成本会计的革新

一、标准成本会计(定额法)革新

革新观念与方法:

(1)定额法与标准成本会计没有本质区别。过去,硬说标准成本会计是吸工人血汗的制度,欠妥;今天,反过来说,标准成本会计优于定额法,也欠妥。具体方法各有优劣,应相互取长补短。

(2)标准成本会计(定额法)是在三种成本计算对象方法(简单法、分步法、分批法)与两种成本要素方法(制造成本法与变动成本法)基础上,进行成本控制的方法,过去把它与三种成本计算对象方法并列,是错误的。

(3)传统的标准成本会计(定额法)是与产前成本控制脱节的,其标准成本的制订随意性大;现在要形成产前、产中有机结合的控制体系,即产前以社会平均产品单位成本控制预计产品单位成本最低,产中以预计产品单位成本作为标准成本(定额成本)控制实际成本最低。

二、与产前控制的区别

(1)产前工程效用长存,所以产前工程完工投入生产后,年年月月按实际产量计算其差异;产中差异则是各月生产活动所产生的差异,是一次性的。

（2）产前成本控制，只需分别计算建厂、扩建、改建、产品设计等责任中心的"总成本差异"即可；而产中成本控制，定额法则须按成本要素（成本项目）分别计算"量差"与"价差"，例如，原材料成本差异要分为"材料量差"与"材料价差"，前者由车间、班组等责任中心负责，后者由供应科负责。

三、直接材料差异的揭示与控制

直接材料（工艺过程用材料）的产中控制程序如下。

（一）量差与价差的计算

材料差异分为量差与价差两部分。一般按下列公式计算，如图3-8所示。

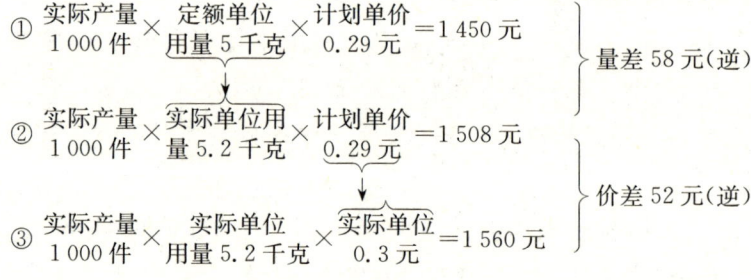

图3-8　量差价差连环替代公式

几点说明：

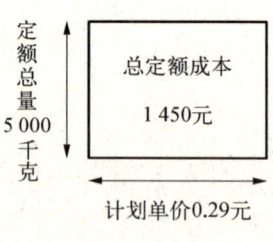

图3-9　直接材料弹性定额

（1）工艺过程用材料是变动费，所以确定其总消耗定额时，就必须按本年实际产量来计算。即考核的总定额必须随产量的变动而变动。这就是所谓"弹性定额"。式①就是根据这个原理成立的。如图3-9所示。

（2）在式①的基础上，把定额单位用量改为本期实际单位用量（即假设其他因素不变，仅变动单位用量因素），就得式②。那么，式①与式②相比就是"量差"的金额。如图 3-10 所示。

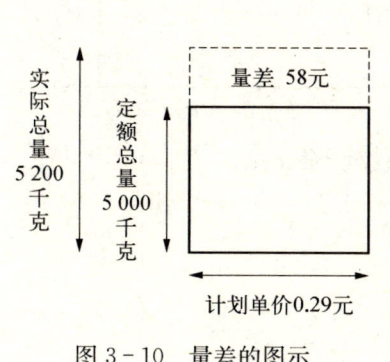

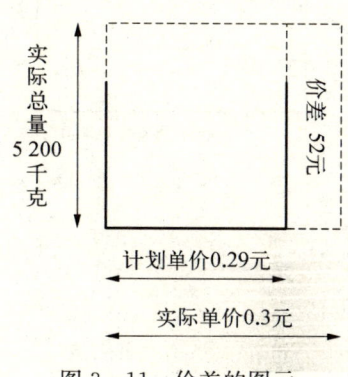

图 3-10　量差的图示　　　　图 3-11　价差的图示

（3）在式②基础上，再变换单价就是式③。式②与式③相比就是"价差"的金额。如图 3-11 所示。

（4）这样一个因素一个因素地变换，而求出其变换因素所产生的差异，叫做连环替代法。

（5）若将式①与式②合并，即为：

数量差异 200 千克×计划单价 0.29 元＝量差 58 元（逆）

将式②与式③合并，即为：

单价差异 0.01 元×实际总用量 5 200 千克＝价差 52 元（逆）

（6）连环替代法的缺点是：替代顺序不同，两因素差异不同（但两因素差异之和仍相等）。

从上例来看，可如图 3-12 所示。

（7）改进的办法：

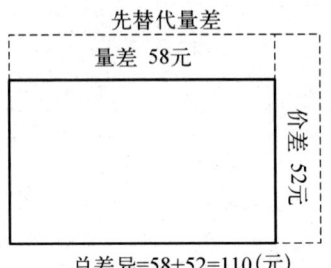

图 3－12　不同替代顺序的比较

④ $\dfrac{\text{基本}}{\text{量差}}=\dfrac{\text{数量}}{\text{差异}}\times\dfrac{\text{计划}}{\text{单价}}=(5\,200-5\,000)\times0.29=58(\text{元})$

⑤ $\dfrac{\text{基本}}{\text{价差}}=\dfrac{\text{价格}}{\text{差异}}\times\dfrac{\text{定额}}{\text{总用量}}=(0.3-0.29)\times5\,000=50(\text{元})$

⑥ $\dfrac{\text{两因素共同形}}{\text{成差异平分}}=(5\,200-5\,000)\times(0.3-0.29)\div2=1(\text{元})$

所以：量差＝58＋1＝59(元)

　　　　价差＝50＋1＝51(元)

　　　　总差异＝59＋51＝110(元)

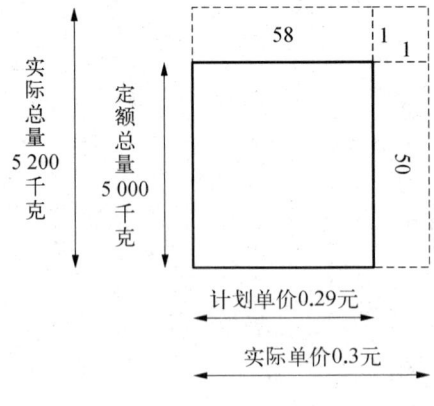

图 3－13　改进办法图

可如图 3－13 所示。

上述改进意见仅供参考，下文仍按习惯采用连环替代法，先替代量差，再替代价差。

（二）材料量差的揭示方法

关于材料量差的揭示方法，前苏联建立了一套完整的办法。虽然较为繁琐，难以实行，但仍有可以借鉴之处。

98

1. 限额领料制下的差异凭证法

在月末,根据现行材料消耗定额,批准的下月车间生产计划,以及月终车间已领未用材料等数据,确定下月领料限额。向各车间发给限额卡,以后凭卡在限额内陆续领用,无须再经批准。

凡在限额内领用数全部列为"定额成本"。

由于超产,经补办追加限额后仍使用限额卡领料,其在限额内领用数仍然是"定额成本"。

由于裁切、加工不善,或材料长短、大小尺寸不合要求等原因,需要超限额领料时,应填"补料单",注明补领原因,经领导批准后,方可领料。这项补领数全部列为"定额差异"(量差——浪费数)。

由于仓库没有所规定的材料,或试用其他材料替代,或利用废料等,应填"代用领料单",经总工程师批准方可领用。单中应分别填明"代用数"、"按定额计算数"、"定额差异"(量差——节约或浪费),注明主客观原因。

以上是在领用时通过各种凭证来把关。补料单、代用单属差异凭证。

月终,若完成生产计划,而限额卡上尚有余额,则办理假领手续和假"退料单"(假退料);车间尚有未用料,也填"退料单"(也是假退料)。退料单上的金额全部列为"定额差异"(量差——节约)。

若限额已领完,而生产计制未完成,则应按少产数乘单位定额,求出超支数,填"超支单",也全部列为"定额差异"(量差——浪费)。

2. 切割法

有的企业对某种贵重材料或经常大量使用的材料,需要经过切割才能投入生产的,则可采用"切割法"。

此法主要是设置"切割单",单中填明发交切割材料的种类、数量、消耗定额;切割完毕,再填写实际切割件数与实际消耗材料数量。这时就可确定"定额差异"（量差——节约或浪费）。

3. 盘存法

在连续投料、不能按批划分的大量生产中，可定期按工段或小组对生产中余存材料进行盘点，算出材料实耗数量，然后与定额耗用数量（实际产量×单位定额）比较，就可算出"定额差异"（量差——节约或浪费）。

4. 班组逐日盘存法

以上所述"差异凭证"、"切割单"均由专业人员进行，手续太繁，不易实行。定期盘存法也是由专业人员进行，只能五天、一周、十天、半月、一月进行一次，又不及时。根据我国的实践经验来看，最好与班组核算结合，采用"班组逐日盘存法"。其具体办法是：

（1）每班开始生产前，根据生产任务，按限额领料（加：上班移交材料）。

（2）下班前 10～20 分钟，班组核算员盘存材料结存数，算出"实耗数量"，并按实际产量（合格品）算出"定额消耗数量"，两数相比，就可求出数量差异，再乘以计划单价，就是"定额差异"（量差）。

（3）班后会上分析发生差异的原因，以便及时解决问题。

（4）班组算出的材料定额差异，应查明原因，实行与材料节约或浪费相联系的奖罚措施。

（三）如何控制量差

从消极方面说，一要按时、按品种、按规格供应材料，以免大材小用，优材劣用；二要严守操作规程，以减少废次品。

从积极方面说，一要充分利用废料；二要寻找代用材料；三要改进用料方法（例如将切削法改为冷镦法等）；四要合理套裁。

（四）如何揭示价差

一般可于月底由财务科计算。

最好是由供应科在日常核算时逐笔计算价差。

（五）如何控制价差

控制价差的途径有五：第一，充分利用废料；第二，寻找代用材料；第三，防止优材劣用；第四，按"经济批量"进料（为达到此目的，要改变材料核算方法，把"材料采购"账户改为"材料购储"账户，采购材料差旅费、仓库经费等一律计入材料成本中）；第五，还要注意价廉物美、采购地点近等问题。

四、直接人工差异的揭示与控制

直接人工（生产工人工资）控制程序如下。

（一）计时工资

生产工人计时工资属固定费，在一定时间内只要出了工，就按出勤时间、按工资等级支付工资，至于出勤时间内，干活与否，干多少活，都不管。此外，伤病时间还要付工资。

所以，生产工人计时工资定额差异由三部分组成：① 非生产时间工资；② 生产时间内干活多或少（生产效率差异，即量差）；③ 工资平均单价高或低（工资单价差异，即价差）。

1. 非生产时间工资

对于生产工人工资，首先要将非生产时间工资挖出来。

所谓"非生产时间工资"是指开会时间工资、停工时间工资、生产任务不足窝工时间工资、待料时间工资、病假工资等。停工或生产任务不足时，将工人调离或另派别的工作，则不属非生产工时。

非生产时间工资全部属于"定额差异"，计算公式如下：

$$非生产时间×实际工资单价＝非生产时间工资$$

除了开会时间工资是合理的外（也应少开会、开短会），其余都是浪费。

所以,我们把它作为单独项目列出来,以便引起人们的注意。控制计时工资成本,首先要消灭或尽量减少非生产工时。

2. 生产效率差异的揭示与控制

控制计时工资成本的重点是生产效率差异。要求在班组核算中逐日比较定额工时与实际工时,及时揭示生产效率差异。

公式如下:

$$\left(\text{实际生产工时} - \text{实际产量下定额工时}\right) \times \text{计划小时工资} = \text{生产效率差异}$$

控制生产效率差异的途径:

(1) 不断改进设备及工具,提高工效;

(2) 维修设备及工具,防止由于设备工具不好而多费工时;

(3) 改进流水线,使产品有秩序有节奏地协调生产,以节约工时;

(4) 改进操作方法,以节约工时;

(5) 防止由于大材小用,而多花加工时间;

(6) 建立个人经济责任制,认真贯彻奖勤罚懒原则,坚决走"干与不干一个样,干好干坏一个样"的"大锅饭"。

还要强调一点,即提高工效后节约下来的时间,如果不利用,那么,这一部分节约下来的时间,又会转变成上述非生产时间浪费掉。这是计时工资制的一个缺陷,应当特别注意。

3. 工资单价差异的揭示

工资单价差异的计算公式如下:

$$\left(\text{实际小时工资单价} - \text{计划小时工资单价}\right) \times \text{实际生产工时} = \text{工资单价差异}$$

$$\text{计划小时工资单价} = \frac{\text{计划年度生产工人工资}}{\text{计划年度生产工时}}$$

$$= \frac{\text{计划年度生产工人工资}}{\text{计划法定生产工时} - \text{计划非生产工时}}$$

$$\begin{aligned}\frac{\text{实际小时}}{\text{工资单价}} &= \frac{\text{月度实际生产工人工资}}{\text{月度实际生产工时}}\\[2mm] &= \frac{\text{月度实际生产工人总工资}}{\text{月度实际生产法定工时}-\text{月度实际非生产工时}}\end{aligned}$$

影响实际小时工资单价的因素：

（1）调整工资，使工资单价上升。

（2）增加青工，使工资单价下降。

（3）实际非生产工时小于计划非生产工时，使工资单价下降；反之，上升。

（4）工人病假比重增加，使工资单价上升。

上述因素多属客观原因，所以工资单价差异无须进行日常核算与控制，可由财务部门于月终计算，并进行分析。

4. 实际工资的计算

实际工资的计算公式如下：

$$\frac{\text{定额}}{\text{工资}}\pm\frac{\text{生产效}}{\text{率差异}}\pm\frac{\text{工资单}}{\text{价差异}}+\frac{\text{非生产时}}{\text{间工资}}=\text{实际工资}$$

（二）计件工资

简单地说，计件工资的计算公式如下：

$$\text{定额工资}=\text{实际合格品数量}\times\text{实际计件单价}$$

既不存在"量差"，也不存在"价差"。

只有下列情况才产生"定额差异"：

（1）由于客观原因（如材料规格不合要求、设备不合要求），使工人生产一件产品多花了工时，因而少得产量，经工段长批准，可"补支工资"。这补支的工资应编制"补支单"，列为"工资定额差异"。

（2）停工工资、待料工资、开会工资、病假工资等非生产时间工资，与计时工资一样,应编制"补支单"支付,也是"工资定额差异"。

五、制造费用差异的提示与控制

（一）制造费用的分解

通常要将制造费用进一步分为"变动制造费用"与"固定制造费用"两部分,如表3-7所示。

表3-7

变动制造费用与固定制造费用划分

制造费用项目	变动制造费用	固定制造费用
工资及附加费		√
折旧费		√
修理费	日常修理费	预提大修理费
办公费		√
水电费	√	
取暖费		√
租赁费		√
机物料消耗	√	
保险费		√
低值易耗品摊销	√	
劳动保护费		√
在产品盘亏与毁损		√
其他		√

（二）变动制造费用控制

1. 变动制造费用预算——弹性预算

对于变动制造费用，要联系产量编制"弹性预算"。

由于大多数企业不止生产一种产品，计算产量的单位不同，无法综合，因此，使用广义的产量——生产工人小时或机器小时，编制弹性预算。

假设：

$$定额单位机时 = \frac{充分利用设备的机时\,5\,000\,小时}{计划产量\,2\,500\,件} = 2\,小时$$

$$定额分配率 = \frac{变动费预算\,1\,500\,元}{预计\,5\,000\,机时} = 0.3\,元$$

不同产量（不同机器小时）的弹性预算，可如表3-8所示。

表3-8

变动制造费用弹性预算表

子　目	小时分配率（每小时耗若干元）	不同机器小时预算		
		充分利用现有生产能力的机器小时 5 000	4 500小时	4 000小时	……
日常修理费	0.05	250	225	200
水电费	0.10	500	450	400
机物料消耗	0.10	500	450	400
低值易耗品摊销	0.05	250	225	200
合　　计	0.30	1 500	1 350	1 200

2. 变动制造费用差异的提示与控制

假设实际产量2 000件，实际单位机器小时为2.1小时，实际变动制造费用为1 270元。其差异可如图3-14所示。

$$\text{弹性预算}=\underset{2\,000\,件}{\text{实际产量}}\times\underset{\text{机时 2 小时}}{\text{定额单位}}\times\underset{\text{率 0.3 元}}{\text{定额分配}}=1\,200\text{ 元}$$

$$\left.\begin{array}{c}+60\text{ 元（逆）}\\ \text{耗率差异}\end{array}\right.$$

$$\underset{\text{时预算}}{\text{实际机}}=\left(\underset{2\,000\,件}{\text{实际产量}}\times\underset{\text{时 2.1 小时}}{\text{实际单位机}}\right)\times\underset{\text{率 0.3 元}}{\text{定额分配}}=1\,260\text{ 元}$$

$$\left.\begin{array}{c}+10\text{ 元（逆）}\\ \text{效费差异}\end{array}\right.$$

$$\underset{2\,000\,件}{\text{实际数}=\text{实际产量}}\times\underset{2.1\text{ 小时}}{\text{实际单位机时}}\times\underset{\text{率 0.302 4 元}}{\text{实 际 分 配}}=1\,270\text{ 元}$$

图 3-14　变动制造费用的揭示

（1）效率差异+60 元，是指由于单位机时增加、产量减少而发生的差异，责任在生产部门。

（2）耗费差异+10 元，是指由于实际开支大引起实际分配率高而发生的差异，应对费用加强控制。

（三）固定制造费用控制

1. 固定制造费用预算——固定预算

固定制造费用预算是根据历史资料编制的，如表 3-9 所示。

表 3-9

固定制造费用预算表　　　　　　　　单位：元

项　　目	金　　额
工资及附加费	1 600
折旧费	3 000
预提大修理费	300
办公费	1 800
取暖费	200
租赁费	
保险费	

（续表）

项　　目	金　　额
劳动保护费	400
在产品盘亏与毁损	
其　他	50
合　计	7 350

2. 二差异法

假设实际产量 2 000 件，实际单位机时为 2.1 小时，实际固定制造费用 7 540 元。其差异如图 3-15 所示。

实际数＝实际产量 2 000 件 × 实际单位机时 2.1 小时 × 实际分配率 1.795 238 ＝7 540 元

＋190 元（逆）预算差异

固定预算＝计划产量 2 500 件 × 定额单位机时 2 小时 × 定额分配率 1.47 元 ＝7 350 元

＋1 470 元（逆）产量差异

实际产量预算＝实际产量 2 000 件 × 定额单位机时 2 小时 × 定额分配率 1.47 元 ＝5 880 元

图 3-15　固定制造费用差异的揭示（二差异法）

关键是控制预算差异，其办法是首先将费用分配到有关班组，再按旬（或周）编制预算，然后控制各班组不超过预算数，对于某些突然发生的重大开支（例如在产品亏损）要进行专题分析；其次是提高产量，以降低分配于每件产品上的固定费用。

3. 三差异法

三差异法是将产量差异再细分为能量差异与效率差异，计算公式如图 3-16 所示。

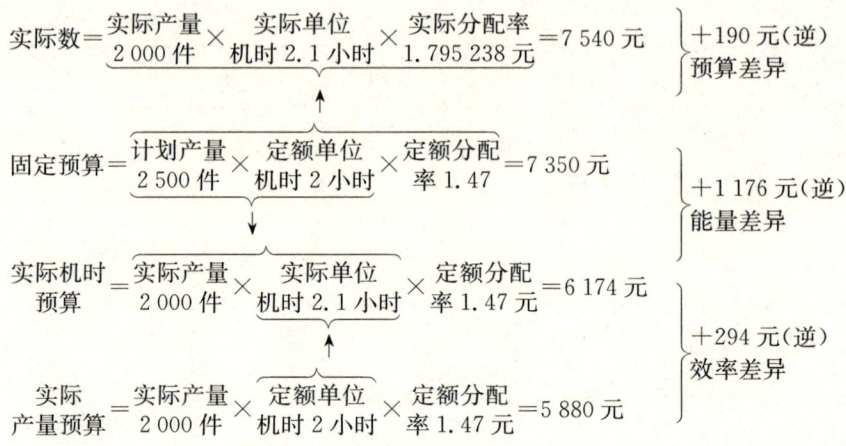

图 3-16　固定制造费用差异的揭示(三差异法)

能量差异反映设备是否充分利用,上图说明中,由于未充分利用设备,损失 1 176 元;效率差异反映劳动生产率的高低,由于生产效率低而损失 294 元。

第七节　产后反馈控制

一、产后反馈控制的意义

产后反馈控制,是在产前与产中控制基础上进行定期总结。即在一个战役后,从全局的角度,总结各条战线的得失,为下期决策提供可靠信息。

二、产后反馈控制的革新

和传统的反馈控制不同,不仅仅要对产中成本控制进行产后反馈控制,而是要在产前、产中有机结合的成本与收入控制体系的基础上,进行产后反馈控制,才能达到全面总结的目的。

三、产后反馈控制的方法

产后反馈控制的方法,主要是编制成本报表与销售收入报表进行分析。但应根据"社会平均成本±建厂成本差异±老产品改造成本差异±扩建改建成本差异±产中成本差异±客观成本差异＝实际成本"和"社会平均销售收入±建厂收入差异±老产品改造收入差异±扩建改建收入差异±产中收入差异±客观收入差异＝实际销售收入"公式,来革新这两张报表。

编制新的"商品产品成本表"。如表 3－10 所示。

表 3－10

商品产品成本表

编制单位：某工厂　　　　　　　　　1999 年　　　　　　　　　单位：千元

产品名称	实际产量	社会平均成本		建厂成本差异		老产品改造成本差异		改建成本差异		产中成本差异		实际成本	
		单位成本	总成本	单位差异	总差异	单位差异	总差异	单位差异	总差异	单位差异	总差异	单位成本	总成本
甲	2 000	95	190 000	−2	−4 000	−0.5	−1 000	−0.15	−300	−0.02	−40	92.33	184 660

第八节　作业成本计算法

一、作业成本计算法的产生

传统的成本计算方法,对于产品所耗直接材料和直接人工两项主要成本,因其单位成本在一定的生产力下是相对稳定的,故可按产品编制定额成本(标准成本),以控制实际主要成本;至于制造费用,则因其总额是相对稳定的,故可按社会平均数编制年度预算,以控制实际制造费用,并按直接人工小时或机器运转小时的比例分配到各种产品。

从一般情况来看,上述传统方法是比较合理的。但如果企业除长线产品外还有短线产品时,则上述制造费用的处理方法就很不合理。例如,某厂以大量生产甲、乙两种产品为主,后来由于接受顾客订制小批量特殊规格的丙产品,而发生的产品设计制图费、特殊材料采购费、重新布置厂房费、机器设备调试费等,应当直接归属于丙产品。而传统成本计算方法却将这些附加的制造费用也记入甲、乙、丙三种产品共同发生的制造费用中,按统一的分配标准,分配于甲、乙、丙产品上,致使特殊订货附加的制造费用大部分被甲、乙产品所吸收(本来不应分给它们),而丙产品成本则人为地偏低。那么,根据这种扭曲的成本信息,所作出的产品定价、产品组合、资源分配等决策也是扭曲的,在市场分割、市场占领、市场定位竞争中必然失败。从屡屡失败中,人们才慢慢发现传统成本计算方法的误区,必须进行改革。

西方"成本驱动因素"理论认为,某种产品生产引起某种作业(活动),某种作业耗费某些资源,应将这些资源耗费(成本)直接追溯到某种产品,这就是"作业成本计算"(Activity-Based Costing,ABC),或译为"以活动量为基础的成本计算"。这就是说,因接受丙产品特殊订货作业而发生的作业成本应另行记录,直接转入丙产品;至于甲、乙、丙三种产品共同发生的正常制造费用,则仍按老办法汇集,按一定比例分配于甲、乙、丙三种产品上。

二、作业成本计算与及时制的结合

在西方,作业成本计算的进一步发展是与及时制相结合。及时制是"从后向前拉的生产系统",即企业的装配车间应根据顾客的要求,准时装配一定数量的某种产品,直接交货;加工车间应根据装配车间的要求,准时加工一定数量的某种零件直接转交;供应商应根据加工车间的要求,准时将一定数量的某种材料直接送到车间。这和传统的"从前向后推的生产系统"不同:第一,传统生产系统,盲目生产,往往造成材料、在产品、产成品积压,而及时制则可实现"零库存",不仅可减少资金占用费,还可避免储存时霉烂等损失;第二,传统生产系统是产品制成后才检验,生米已煮成熟饭,废次品多,销货退回多,而及时制为了保证一环紧一环地生产,实现"零库存"就必须实行"全面质量管理",要求每一生产步骤每一工人对自己的操作负责,保证"零缺陷";第三,传统生产系统,是从支付购入材料款开始,这时材料已入库,其品种、数量、质量都成定局(就是说,开始得太晚),而及时制则从开发与供应商忠诚协作关系开始,保质保量准时地供应材料;第四,传统生产系统,是把产品售出就万事大吉,不管顾客是否满意(就是说,结束得太早),而及时制则要保质保量准时地把产品送到顾客手中,而且还要考虑顾客使用成本最低的问题,以便与顾客建立牢固的信誉关系。

这样就建立起"供应商←各生产环节及各职能部门←顾客"的"价值链",每个价值链就是一个"作业成本库",所以价值链也就是"作业成本链"。

从战略高度来看,企业往往愿意在某一作业上耗费一些资源,以赢得另一作业成本大大降低或收入大增,例如,开发商与供应商及时供料的协作关系,虽然会发生一些作业成本(为联系供应商而发生的差旅费等),但可赢得大大降低材料采购作业成本、材料储存作业成本,以及储备资金占用费等;又如,采用标准成本会计制度虽然会发生一些作业成本(编制标准成本所发生的各种费用),但可赢得实际料、工成本的降低等。由此可知,作业成本链不是一条,而是一束,主干是各生产步骤的料、工主要成本作业链,其次是各产品共同的正常的制造费用作业链,再就是某一产品附加的制造费用、采购费用、管理费用等项的作业链,这样形成一束平行的、相互依存的、有机构成的战略作业链,就能在激烈的市场竞争中捷报频传。

我国多数企业尚不具备实行及时制的条件,应当积极创造条件,逐步实行,例如,先在企业内部实行及时制,再延伸到顾客,再扩展到供应商。

三、作业成本计算应用于产前控制的设想

西方尚未将作业成本计算法应用于产前控制,我们要抢先一步。

在产前(建厂、产品开发或扩建改建时)要提出多种科学技术方案。具体说,每一科技方案对产品成本的影响,应分为"制造费用"与"直接材料、直接人工"两大作业成本系统,进行预测预控:一是预测由于采用某种科技方案,需购建固定资产和取得无形资产、递延资产的作业成本,并预测每年以折旧和摊销形式"增加制造费用"若干,除以预计年产量,求出"新增单位制造费用"若干;二是预测由于采用该种科技方案,产品"直接材料、直接人工"作业成本,较社会平均成本降低若干(或者虽不降低料工成本,但产品质量好,较社会平均销售单价增加若干)。根据这两个摊子的作业成本预测,就可选择"增加单位制造费用"最小,而"降低单位料工成本(或增加销售单价)"最大的方案来实施。

每进行建厂、老产品改造、新产品开发或设备技术改造时,发明或采用新的科学技术,大大降低料、工两项作业成本(或产品质量好能增加收入),而增加的制造费用作业成本较小,两抵后获得内涵利润,大部分留成奖励功臣;随后进行另一产前工程(产品开发或扩建改建),只发明或采用新的科学技术,又大大降低料、工两项作业成本(或增加收入),而增加的制造费用作业成本较小,两抵后又获得超额利润,大部分留成奖励功臣。如此不断循环,如此一步一个脚印前进,每个企业都如此在市场经济大潮中竞争,百战百胜,发展科学技术的速度越来越快,效益越来越高,整个国民经济必然蒸蒸日上。这是从粗放型向集约型

转变的关键，是正确处理速度与效益关系的重要途径。

最后，要强调指出，开始实行作业成本制时，切不可搞得过全过细，可暂不实行与及时制相结合的作业成本计算，应在原有成本计算基础上，先抓住一两个关键的、金额较大的产中作业试行，特别是抓好产前作业成本计算，立竿见影，效果好，再逐步展开，全面实行产前、产中作业成本计算。

小　结

在前三次会计大革命基础上，在"决策性管理会计"（如可行性研究、价值工程、量本利分析、目标成本、投资回收期法、产品市场战略定位分析等）逐渐形成的历史条件下，进行成本与收入两方面的产前控制，并在产前工程完工投入生产后，年年月月按实际产量计算产前成本差异与收入差异，纳入账内核算。

然后以产前预计成本与收入数，控制产中实际成本最低，同时控制实际收入最高，并将产中成本差异与收入差异，纳入账内核算，可掌握产中各责任中心的业绩。

把产前、产中控制有机地结合起来，把产前、产中的成本差异与收入统统纳入账内核算，完成第四次会计大革命，就可从企业战略高度运筹帷幄，决胜于千里。

在开始实行作业成本计算时，不要搞得过全过细，可先重点搞一两个产中作业成本计算，以便把精力放在产前作业成本计算上，等待条件成熟后再全面展开产前、产中作业成本计算。

生产过程中"所费"产品成本与"所得"产量的矛盾，销售过程中产品质量与销售单价的矛盾，是研究管理方法与理论的逻辑起点。

综上所述，全面革新管理会计学，是开创"创新劳动会计"的第三基础。

第四章　两步按资分配　两步按劳分配

——创新劳动会计学

要扬弃"一步按资分配，一步按劳分配"制，创立"两步按资分配，两步按劳分配"新经济体制。

第一节　深化经济体制改革的途径

2005年，温家宝同志在《关于制定国民经济和社会发展第十一个五年规划建议的说明》中，谈到深化经济体制改革时，强调指出："目前，各级政府仍然管了许多不应该管又管不好的事，而不少应该由政府管理的事却没有管好，一些部门之间职责不清、管理方式落后、办事效率不高。只有坚决实行政企分开，企业才能真正成为市场主体，也才能更大程度地发挥市场配置资源的基础性作用；政府才能集中精力全面履行经济调节、市场监管、社会管理和公共服务职能，也才能建立起有效的宏观调控体系和制度。"

2007年，胡锦涛同志在中国共产党第十七次全国代表大会报告中，要求"坚持和完善按劳分配为主体，多种分配方式并存的分配制度，健全劳动、资本、技术、管理等生产要素按贡献参与分配的制度"。

为了贯彻上述两段讲话的精神，要扬弃"一步按资分配，一步按劳分配",创立"两步按资分配,两步按劳分配"新的经济体制,约束激励员工,努力创新科技劳动管理方法,提高生产力,在尽量少的劳动时间里创造出丰富的物质财富。

第二节　关于"利润分块"的问题

一、政治经济学早有利润分块的论证

政治经济学早已明确指出:"平均利润是投入不同生产部门的同量资本,所取得的等量利润。最先采用新技术的个别资本主义企业,其劳动生产率高于该部门的平均水平,从而这个企业所生产的产品的个别生产价格就低于社会生产价格,但商品是按社会生产价格出售的,两种价格的差额,就使资本家获得超出平均利润以上的超额利润。"(许涤新主编:《政治经济学辞典》上册,1980 年版,第 516 页)

二、西方股份制早已实行"利润分块分配"

西方股份有限公司"优先股"股利率,是在市场竞争中,经过反复较量,逐渐趋于一致,逐渐平均化,其计算出的股利,称为"最低收益",实质是"社会平均利润"。优先股的股利率,一经定下来就不变,保证优先股股东分得"最低收益",风险小。

剩下的利润分给普通股东,有三种情况:① 如果普通股的股利率高于优先股,其高出之数,称为"剩余收益"(实质是"超额利润"),就说明企业经营得好,普通股股东享有"最低收益＋剩余收益"股票的市场价格就上涨;② 如果等于优先股,就说明普通股股东也只分得"最低收益",企业经营得一般;③ 如果低于优先股,就说明企业经营得不好,普通股股东分得少于优先股股东的股利(少于"最低收益"),股票的市场

价格就下跌。

这就充分说明,西方股份有限公司早已实行"利润分块分配"。

这是在实践中摸索出来的经验,是考核公司业绩的最好方式。

我国有些股份有限公司,未发行优先股就丢掉了"最低收益"考核标准,就失掉了将国有企业改为"公司制"的重要意义。

三、活劳动价值三个指标的确认

企业员工活劳动所创造的价值有三:一是工资 v,二是社会平均利润$\overline{m}$,三是超额利润 Δm。

1. v 可以事先预计确认与支付

工资 v 是"常规劳动必要价值",应根据社会平均水平,按员工的学历、经历、业绩,评定工资等级。在适当时候,对创新人才还应破格晋升 1~3 级工资。

按月发工资,保证员工最低生活水平。

2. $\overline{m}$ 及优势利润也可事先预计确认

社会平均利润$\overline{m}$,是占用一定资金最少应实现的"常规劳动剩余价值"(最低收益)。应按"社会平均资金利润率"(可暂定为 6%,随着经济的变化再作适当调整)乘各企业实际占用的资金,而事先预计确认的。

$\overline{m}$是起码的业绩。正像从小学到大学,各门课程的考试成绩一律规定 60 分为及格,以便决定升级或留级。办企业也要有一个最低的考核标准,那就是$\overline{m}$。

"常规劳动剩余价值"中,还有一笔"优势利润"是某一企业由于地区优势或行业优势而多获得的利润,也可事先预计确认。

3. Δm 只能事后实算确认

超额利润 Δm,是创新科技与管理方法为提高生产力而实现的"创新劳动剩余价值"。是优秀人才利用创新科技或管理方法而多创造的利润,是最珍贵的价值。由于不知何年何月何人有创新,更不知创新价值大小,所以无法事先预计确认。

只能在确实创造了 Δm 时,才能在等价交换之后切实核算出来,予以确认。

四、活劳动价值三指标的两个角度分类

v 与 m̄ 属于"常规劳动价值",可以预测确认;Δm 是"创新劳动价值"只能事后实算确认,从另一角度看,v、m̄、Δm 统称"人力资源价值";唯有 Δm 才是"人才资源价值"。其关系如图 4 - 1 所示。

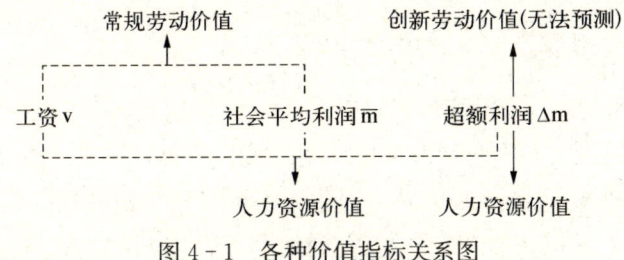

图 4 - 1　各种价值指标关系图

这就充分说明,利润分为 m̄ 与 Δm 两块的必要性。

五、以"创新"求"发展"

1. "创新劳动"的重要性

人类社会的发展,全靠创造新生产工具、新材料、新工艺、新管理方法,提高生产力,才能"用尽量少的价值创造出尽量多的使用价值"。换句话说,就是在尽量少的劳动时间里创造出丰富的物质财富。

例如,我国古时的鲁班发明锯,至今仍在生产中发挥重要作用。这就充分说明"创新劳动"从古以来就是非常重要的问题。

2. 多创"创新劳动剩余价值"的途径

价值规律,是千千万万生产同一产品(同一使用价值)的企业,其个

别劳动时间,不以人们意志为转移地转化为社会平均劳动时间去交换其使用价值的规律。价格规律,是由于市场"供"与"求"的变化,商品价格围绕价值上下波动的规律。

在价值规律与价格规律的共同作用下,获得 Δm 的途径有五:一是在保证产品质量前提下,降低消耗,降低产品单位成本($c+v$ 个别价值),而仍按 $c+v+\overline{m}$ 社会平均价值销售;二是不但低耗,而且高产快销;三是提高产品质量,按高一级的 $c+v+\overline{m}$ 社会平均价值销售;四是创造前所未有的新产品,按用户乐意接受的"比拟价格"销售;五是产品为社会急需,价格高于价值。

六、要树立"不短少 $\overline{m}$"新观念

1. 盈利企业要分为"好、中、坏"三类

$\overline{m}$ 是各企业占用一定资本最少应实现的利润。占用资本多,$\overline{m}$ 跟着大,不算经济效益好。如果某一企业的"期末营业利润"大于该企业的 $\overline{m}$,就获得了 Δm,经营得好;如果等于 $\overline{m}$,就说明仅获得 $\overline{m}$,经营得一般;如果小于 $\overline{m}$,就说明短少了 $\overline{m}$,经营得很坏。

这样轻而易举地将"盈利企业"进一步分为"好、中、坏"三类。

2. 不可短少 $\overline{m}$

过去只核算一个笼统的"利润"指标,只有"盈"或"亏"的概念,似乎只要有盈利不亏损就行,而不知盈利企业还有"好、中、坏"之分,无视短少 $\overline{m}$ 企业的危机,就容易产生错觉。特别是大型企业,短少 $\overline{m}$ 的一大半后,余下利润的绝对值还很大,更加容易盲目乐观。

例如,某国有工厂按实际占用资本 10 000 万元的 6% 计算,应实现利润 600 万元,但由于经营不善,短少 $\overline{m}$ 340 万元(即短少 $\overline{m}$ 的一大半)。然而由于只核算一个笼统的"利润"指标,就只知实现利润 260 万元,而不知已经短少 $\overline{m}$ 一大半(340 万元)的严重问题,往往盲目乐观,没有引

起警惕,没有采取紧急措施,待到滑入亏损深渊,才大吃一惊,但已晚了。

我们要树立"不短少m̄(最低收益)"新观念,早防早治。

七、会计学任重道远

会计学应在"营业利润"指标基础上,进一步核算"社会平均利润m̄"与"超额利润 Δm",任重道远。

第三节　"一步分配"的缺陷

一、"一步按资分配"的缺陷

我国自 1978 年以来,实行过利润留成办法、利改税、承包责任制、税利分流(实质是"税改利")等经济体制,都是按笼统的"利润"指标进行"一步按资分配",始终存在下列问题:

(1)由于每一企业"占用投资多少"与"经营好坏"两因素变化无常,因而m̄与 Δm 在"营业利润"中的比重也变化无常;那么,按笼统的"营业利润"进行一步分配,则不论采用什么分配方法,都难以确定上交和留成的比例,例如,承包责任制的承包基数,采用一户一订的办法也订不准确,即使某户今年订准确了,明年又不准确。

(2)m̄本应纳税后全部按资分配,全部上交,占用投资多,上交m̄的任务跟着大;但按笼统"利润"的一定比例,确定应交利润时,就与占用投资多少脱钩,于是各企业纷纷争投资,导致投资过热、盲目建设、重复建设,资源配置极不合理。

(3)过去只核算一个笼统的"利润"指标,未预计确认各企业占用一定投资,最少应实现的m̄。那么,当某企业实际上已经短少了m̄一大半时,仍然毫无察觉,没有采取紧急措施,就有滑入亏损的危险。

(4) Δm 本应小部按资分红,大部奖励创新人才;但按笼统的"利润"进行一步分配,则 Δm 多的企业上交任务大,鞭打"快牛"。更严重的问题,是难以准确地奖励创新人才,难以激励全员更加努力创新科技与管理方法,提高生产力。

(5) 报刊上,常常报道某市、某省或全国,某年度实现税利若干,而未说明增加投资若干,就误将其中的"增资增$\overline{m}$"也视为经济效益,很不恰当。

二、"一步按劳分配"也很危险

千万不要实行"一步按劳分配"的"年薪制"。因为它是事先盲目规定的特高工资,不是"常规劳动"必要价值,容易产生"暴发户"。例如,中航油事件中被称为"打工皇帝"的陈久霖,年薪约合人民币 2 350 万元。

这样高的年薪,怎不叫人胆战心惊。

三、国有企业转民营,危害更多

私人出资,创办民营企业,是允许的,而且是要扶持的,但国有企业,千万不可转为民营或向管理层转让,这是拔苗助长。

(一)容易造成国有资产流失

在"内部人控制"下,改制时往往采用"低估资产价值"的手法,造成大量的国有资产流失,实在令人痛心。

例如,成都市蓉生股份有限公司董事长兼总经理盛晓彬,利用国有企业"改制"之机,一年一小改,二年一大改,把国有企业"改制"成"家天下",指使财务人员做假账,侵吞国有资产 1 200 多万元(新华社成都 2004 年 12 月 21 日)。

又如,长葛电厂改制"变戏法"使国有资产缩水一半,厂长成了身价910万元的大股东(新华社郑州2004年7月4日)。

这样的例子很多,不胜枚举,而且到目前为止,仍在不断发生,应当引起我们高度的警惕。

(二)"公务员民企挂职"损害公平竞争的市场规则

近年来,掀起"公务员民企挂职热"(详见《瞭望新闻周刊》2006年第22期)。请大家冷静地想一想,在"内部人控制"下,国企转民营时,采用低估资产价值的手法,已经有大量的国有资产流失到民企手中;现在再派公务员到这些民企挂职,那么,原有的关系网、人情链、政府内部信息等,都成为这些民企的特殊优势,从而结下"利益链"。这导致官商不分,损害公平竞争的市场规则。

(三)官员权力"期权化"更阴险

近年来,出现官员权力"期权化"现象,即官员在为他人牟取非法利益的当时,并没有取得非法受益,而是在一段时间后(离开这个岗位或退休后)再进行利益的兑现。舞弊手段更加隐秘。

例如,江苏省建设系统有一个官员,在位期间,为一家房地公司牟取了很多非法利益。退休后,该公司以各种名义给予这名官员很多好处。事情被发现之后,一审法院判决他有罪。这名官员以在位时没有得到好处为理由,提起上诉。二审法院经过审理,判决他无罪,从而逍遥法外(详见《人民论坛》2006年第10期)。

四、政府机关及事业单位,管理方面存在的问题

政府机关及事业单位的高层管理公务员,也要实行"公开招聘竞争上岗淘汰制"按上年收支额"量化"责任,责成他们从整个国民经济协调发展高度,管好经济。4年期满,优者连任,劣者免职。

现将苏楠、厉中流所作：《公务员录用奇闻》(《新民周刊》2007 年第 36 期)摘录如下，以便引起大家的警惕。

1. "史上最牛公务员"

云南省一个赌徒，在 2000 年就负债累累。2002 年，通过竞争上岗，却被任命为铅厂乡财政所所长。"走上领导岗位"的他，继续深陷赌博深渊。为了赢回本钱，他把手伸向公款，利用职务之便，挪用大量公款，结果输个精光。这时的他竟给省长寄了一封挂号信，信中希望省长能借钱给他还赌债。

这真是"史上最牛公务员"。

一个负债累累的赌徒，担任财政所所长，这与让小偷做仓库保管员、让抢劫犯做保安又有什么区别？

2. "鸡犬升天"的公务员

2007 年 8 月 29 日上午，在长沙市中级人民法院上，原衡阳市副市长兼商业银行董事长刘兴德走到被告人的标牌下，昔日风采已荡然无存。这个在衡阳任职市领导达十多年的官员，在退休后被逮捕。昔日，刘兴德财权两旺，家族人员也多沾光受益，多人在政法机关和财税部门任职。这个副市长安排亲属到公职部门就业，俨然像在自留地里种庄稼，想怎么安排就怎么安排，想安排多少就安排多少。

如今的公务员录用实行的是凡进必考制度，《公务员法》在 1993 年就已开始施行，与刘兴德当上副市长恰好在同 1 年。值得一问的是，他的亲属被录取为公务员，当时是如何"公开"进行，是如何闯过一道道录取关口的？政府的权威和组织的公信力都到哪儿去了？

五、对策——实行"超然主计制度"

要在全国各省市设立"主计处"，直接向国有企业(或机关、团体)委派"主管会计",其工资等级及奖金福利等都由派出单位评定,保证主管会计处于"超然"地位,独立行使职权,以免按经理暗示做假账,这是第一道防线。

国家审计机关及注册会计师的审核则是第二道防线。

一旦发现有假账,经理与主管会计都撤职查办。

六、都从整个国民经济协调发展高度,搞好基本建设

过去,由于没有"量化"经理受托责任,因而在筹建新国有企业时,往往对厂址选择(包括地形、气候等问题)、厂房建筑、机器设备选购(是否成龙配套)等方面失策,造成"先天不足";老国有企业在扩建、改建、老产品改造、新产品开发等方面失策,又造成"后天失调"。有时甚至"拆了又建,建了又拆",盲目行动。

特别是单从本地区本部门出发,孤立地进行预测与决策,就容易造成盲目建设、重复建设、投资过热等问题。

再从各级政府来看,有时国资委又越俎代庖,管一些不应该管又管不好的事,例如,把国有企业"向管理层转让"或"转为民营",不仅会造成国有资产大量流失,而且难以安置职工。

现在,实行"利润分块责任制","量化"经理受托责任,要求他们在开办新国有企业,或老企业扩建、改建、老产品改造或新产品开发过程中,都从整个国民经济协调发展的高度,根据市场竞争各方面信息,多多调查研究,提出几种改革措施,采用"可行性研究"与"价值工程"等方法,分别预测,选择最佳改革方案施工,就能搞好"基本建设"工作,合理配置资源,提高生产力,多创"超额利润"(创新劳动剩余价值)。

总之,只有全国一盘棋,各行各业互相配合,众志成诚,才能保证每个企业欣欣向荣,整个国民经济协调发展。

第四节 "量化受托责任"

一、美国首先提出"受托责任的问题"

受托责任问题确实非常重要,可惜他们没有具体规定考核办法。

二、我们要实事求是地"量化"国有企业经理的"受托责任"

1. 老企业

按上年实际盈亏额,"量化"经理受托责任,向上者奖,向下者罚。要强调指出,亏损企业较上年少亏一分钱,也是难能可贵的"创新劳动剩余价值"。

2. 筹建新企业

新企业要按社会平均利润"量化"经理受托责任。而且,为了防止短期行为,国企经理任期 4 年,优者连任,劣者淘汰。

三、政企分开

委托者(各级政府国资委)可放手让国有企业经理(代理者)自主经营,而无须直接插手经营,才能集中精力搞好宏观调控,切实做到"政企分开"。

第五节 两步按资分配 两步按劳分配

要扬弃"一步分配"制,创立"两步分配"制。

一、两步按资分配,两步按劳分配——"创新劳动剩余价值"大都奖励功臣

国有企业的社会平均利润(常规劳动剩余价值)在税后全部上交,是"第一步按资分配";按社会平均工资水平,评定各企业员工的"工资"等级(常规劳动必要价值),按月发放工资,是"第一步按劳分配"。

超额利润(创新劳动剩余价值)在税后,小部按资分红,是"第二步按资分配";大部奖励创新人才,是"第二步按劳分配"。

要破除"人人都有奖金"的传统观念,让少数"创新人才"先富起来。这时,一般员工不仅无怨言,而且以"创新得奖者"为榜样,干什么就学什么,钻研什么,行行出状元。

这就是"按劳分配为主体,多种分配方式并存的分配制度"。如图4-2所示。

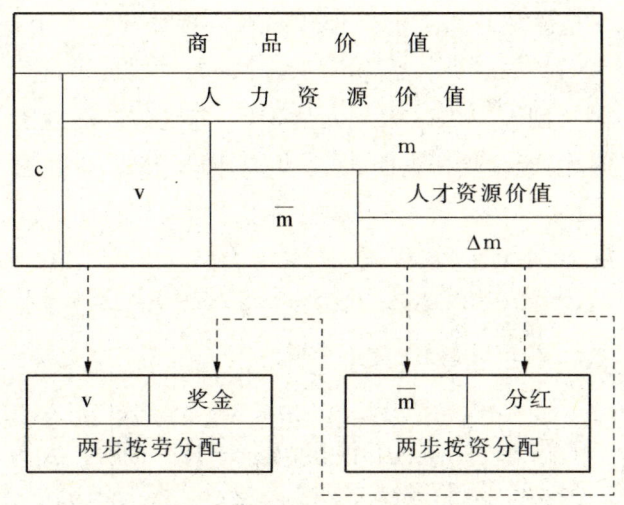

图4-2 按劳分配与按资分配图

按资分配与按劳分配都必须两步走,不能一步走。

二、正确处理"委托—代理"关系，切实做到"政企分开"

"两步按资分配"就"产权清晰"了；两步"按劳分配"就"权责明确"了。既"产权清晰"又"权责明确"就管理科学了。受托者（国企经理）有了明确的奋斗目标，委托者（国资委）也有了科学的考核依据，可以放手让企业经理自主经营，无须再管那些不应该管又管不好的事（如国企转民营），才能集中精力全面履行经济调节、市场监管、社会管理和公共服务，建立有效的宏观调控体系和制度。

这时，正确处理了"委托—代理"关系，切实做到了"政企分开"。

三、国有企业管理两大难题的克服

1. 克服了对经理"监控弱化"难题

过去由于国有企业所有者"虚位"，各级政府的"国资委"，对国企经理（代理人）"监控弱化"，无能经理或腐败经理往往把一个好端端的企业搞垮。例如，济南罐头食品总厂的领导整天吃喝玩乐，把一个蜚声国际市场、为国家创汇 46 000 万美元的工厂，弄到破产的地步。现在，实事求是地"量化"经理受托责任，向上者奖，向下者罚，就克服了"监控弱化"难题。

2. 克服了"分配不均"难题

过去，只核算一个笼统的"利润"指标，未分为"社会平均利润$\overline{m}$"与"超额利润Δm"两块，因而分配不准确。

第六节　老国有企业实行"简易法"

老国有企业要实行"利润分块责任制——简易法"，按各企业上年实际盈亏额，"量化"经理受托责任，向上者奖，向下者罚。这是第一种

"创新劳动会计"。

一、有 Δm 老国有企业的考核与奖惩

按上年营业利润(m 及优势利润＋Δm),"量化"经理受托责任,约束激励全员,再接再厉,立新功。

年终,其 m 及优势利润(包括本年增资 Δm)纳税后,全部上缴,保证国家财政的最低收入。

前期创新科技与管理方法而在本期实现的 Δm,以及本期创新科技与管理方法而在本期实现的"再增 Δm"都是"创新劳动剩余价值"。纳税后,30％按资分红,让国家财政增加收入;70％奖励前期和本期创新人才(包括优秀董事长、优秀经理、科技创新者、管理方法创新者),奖金不封顶,让少数的创新人才先富起来。

减少 Δm 仍然要适当的惩罚。

例如,某国有老厂 2004 年度发生有关的业务如下:

(1) 本年度发生的生产费用(略)。

(2) 结转 110 件产成品的实际成本 4 840 万元。

(3) 结转 100 件产品的实际销售成本 4 400 万元。

(4) 100 件产品的销售收入 5 000 万元。

(5) 销售成本(c＋v 个别价值)4 400 万元,与销售收入(c＋v＋m 社会平均价值)5 000 万元配比,求出实现的利润(m)600 万元。它是本期生产过程剩余劳动创造的价值,故应溯源于利润账户贷方(起点),经过生产过程,进入销售账户借方(终点),与销售成本一起进行等价交换,转化为"更多货币 g"存于银行。

(6) 按"简易法"从营业利润 600 万元中,扣除社会平均利润(包括本期增资 Δm)500 万元,倒算出超额利润 Δm 100 万元,再进一步溯源于 m 与 Δm 两个账户贷方。

(7) m 交所得税(税率 30％)150 万元后,全部按资分配。

(8) Δm 交所得税(税率 25％)25 万元后,小部(30％)22.5 万元按资分红,大部(70％)52.5 万元留成奖给创新职工股票。

上列各项业务,可作成"从贷到借"的"矢量"分录如图 4-3 所示。

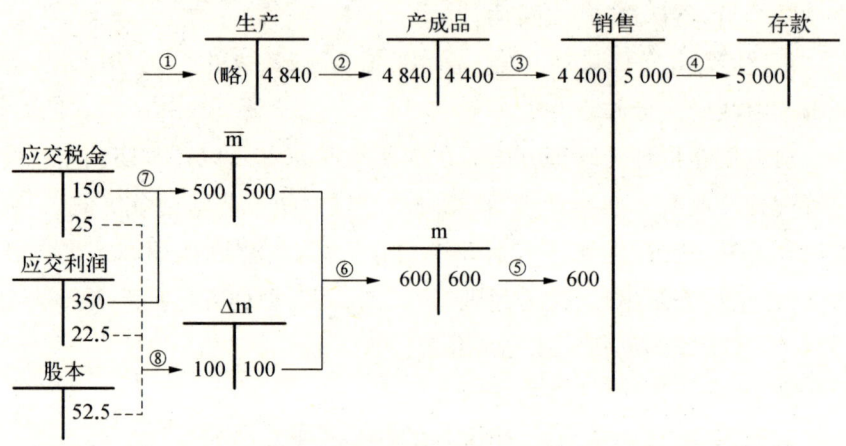

图 4-3 "简易法"核算体系图

从图 4-3 来看,资金的来龙去脉一目了然。

股本账户贷方所记 52.5 万元,与存款账户借方所记销售收入 5 000 万元中的"更多货币 g"52.5 万元,遥遥相对应。表明企业把 Δm 所获得的现款 52.5 万元奖给创新职工,职工再用这笔现款购买企业股票,成为企业的股东。

二、仅有 m 老国有企业的考核与奖惩

当某企业上年"营业利润"仅等于 m 时,则以此数"量化"经理受托责任,防微杜渐。

年终,其 m(包括本年增资增 m)税后全部上缴;如果本期的"基本建设"或"管理方法"使"新增 Δm",则税后 30％按资分红,70％奖励创

新人才。

如果短少 m，则罚，甚至撤换经理。

三、短少 m 老国有企业的考核与奖惩

按上年实获"较少的 m"量化经理受托责任，敲警钟。

如果本期的"基本建设"或"管理方法"搞得好，则本期实现的利润可分为两大部分：一是相当于上期的"实获较少 m"及"本期增资的 m"税后全部上交；二是本期的"回增 m"及"超额利润 Δm"，都应理解为"创新劳动剩余价值"，而且由于来之不易，税后 20％按资分红，80％奖励创新人才。

如果获得更少的 m，则罚，甚至撤换经理。

例如，国资委对申安国有工厂，在尚未发生亏损之前公开招聘新经理，并按上年实获"较少的 m"260 万元，"量化"经理受托责任。在新经理正确领导下，技术员李某某等人认真搞好扩建、改建、老产品改造、新产品开发的"基本建设"，虽然增加投资 500 万元，但提高了产品质量。年终结算，除获得"较少的 m"260 万元及"增资增 m"3 万元，税后全部上交外，还获得 Δm 20 万元。由于这一项 Δm 来之不易，所以纳税（6 万元）后，20％按资分红（2.8 万元），80％奖励有关功臣（11.2 万元）。这就是说，奖金的比率要提高。

四、亏本老国有企业的考核与奖惩

对于亏本国有企业，各级政府国资委要用较高工资公开招聘新经理，就会有真正的人才应聘。然后按上年实际亏损额"量化"新经理受托责任，少亏一分钱，也是可贵的"创新劳动剩余价值"，所以，扭亏者奖，增亏者罚。

这时，就能约束激励新经理，团结全员，在原有厂房机器设备的基础上，提出扭亏方案，努力创新科技与管理方法，搞好改建、扩建、老产品改造、或新产品开发工作，虽然增加投资，但能在本期产品销售中获得利润。

这一"利润"也应分为两部分：一是"本期增资的 m"税后全部上交；二是本期扭亏为盈的"创新劳动剩余价值"（包括"按原有投资计算的社会平均利润$\overline{m}$"及"超额利润 Δm"），这是创新人才经过非常艰苦奋斗而获得的，所以纳税后不能全部用于弥补上年亏损，只能 10％弥补上年亏损，90％奖励创新人才（就是说，奖金比率还要提高）。

这是卓有远见的分配方案，它能激励经理团结全员，不断创新，不断扭亏，正是"沉舟侧畔千帆过，病树前头万木春"，经过年复一年的奋斗，都有可能成为盈利国企。

有了这样好的考核激励制度，亏损国企完全没有转为民营或向管理层转让的必要。

《长江日报》2006 年 2 月 7 日报道，湖北祥云集团原是国有企业，由于机制不活，发生亏损。原总经理助理胡华文与 28 名高层管理人员共同出资 2 600 多万元，买断企业股权，当年实现盈利 500 万元。

为什么国营时发生亏损，而转为民营当年就盈利？症结在于国有企业所有者"虚位"，对经理"监控弱化"，而且是按笼统的"利润"分配，功过不分，奖罚不明，因而导致亏损。

如果实行上述"利润分块责任制"转换经营机制，奖罚分明，"祥云"也能在当年转亏为盈，无须转为民营（转为民营，容易造成国有资产流失，而且削弱了国有企业的阵营）。

这是第一种"创新劳动会计"。

第七节　筹建新国有企业实行
"产前产中细算法"
——创新劳动会计之二

筹建新国有企业,特别要从整个国民经济协调发展的高度,实行"利润分块责任制——产前产中细算法"是在第三章所述"成本与收入的产前产中控制"基础上进行的。简介如下。

一、各项社会平均数的确定

首先根据市场信息统计本企业拟生产产品的"社会平均单位售价",再确定"社会平均单位利润"(＝投资×社会平均资金利润率÷预计产量);二者之差为"社会平均单位成本"(西方称为"目标成本",是倒算出来的)。

二、产前以社会平均数控制预计数,产中以预计数控制实际数

产前(筹建时)要以社会平均单位售价、社会平均单位利润和社会平均单位成本,"量化"经理受托责任,责成经理从整个国民经济协调发展高度,提出几种最先进的筹建方案(包括厂址选择、厂房建筑、机器设备购置),采用"可行性研究"、"价值工程"等方法,分别预测,选择最佳方案施工,控制预计产品单位成本尽量低于社会平均单位成本,同时企盼预计产品单位售价尽量高于社会平均单位售价,以达到多创"产前超额利润"(产前创新劳动剩余价值)的目的。

产前工程进行时,其差异不能记账;但产前工程完工正式投入生产后,则每生产一件产品,就有一份产前差异成为事实,而且效益长存,因

此每年每月都要按实际产量计算产前成本差异、产前收入差异、产前超额利润,纳入账内核算。这是降低成本增加收入的重点。

产中(供、产、销)以产前预计的单位成本、单位售价、单位利润,"量化"产中各责任中心的受托责任,促使产中各责任中心,采取各种技术组织措施,控制实际产品单位成本尽量低于产前预计产品单位成本,同时企盼实际产品单位售价尽量高于产前预计产品单位售价,实现"产中超额利润"。产中差异是各月发生的,是一次性的,在当月纳入账内核算。

三、计算公式

按实际产量计算实际成本与收入如下:

$$\text{社会平均成本} \pm \text{产前成本差异} \pm \text{产中成本差异} \pm \text{优势成本差异} = \text{实际成本}$$

$$\text{社会平均收入} \pm \text{产前收入差异} \pm \text{产中收入差异} \pm \text{优势收入差异} = \text{实际收入}$$

这样操作,就把产前、产中控制工作有机结合起来,算好产前、产中各责任中心的科技进步账,算好全员业绩账。

四、细算产前产中的 Δm

在按实际产量计算的"社会平均销售收入-社会平均产品成本=社会平均利润"基础上,成本每降低一元,超额利润就增加一元;收入每增加一元,超额利润也增加一元。所以产前降低成本数与增加收入数之和,为"产前超额利润",产中降低成本数与增加收入数之和,为"产中超额利润",地区优势及行业优势而产生的成本与收入差异,为"优势利润"。

这就把实际总利润分为社会平均利润、产前超额利润、产中超额利润和优势利润四块。

这时就知道是谁在产前、产中的哪一环节，创造或采用什么新的科技或管理方法，降低成本若干，或增加收入若干，从而增加超额利润若干，就可进行准确的分配。

五、产前、产中诸指标的关系

可按“同步”替代法（不是“连环替代法”）作成“产前、产中诸指标关系图”（如图 4－4）。

$$①\ \text{社会平均利润}=\left[\text{一定投资的社会平均产量}\times\left(\text{社会平均单位售价}-\text{社会平均单位成本}\right)\right]-\text{社会平均期间费用}$$

$$②\ \text{产前预计利润}=\left[\text{产前预计产量}\times\left(\text{产前预计单位售价}-\text{产前预计单位成本}\right)\right]-\text{产前预计期间费用}$$

$$③\ \text{实际利润}=\left[\text{实际产量}\times\left(\text{实际单位售价}-\text{实际单位成本}\right)\right]-\text{实际期间费用}$$

②－①＝产前增利

③－②＝产中增利

图 4－4　产前、产中诸指标关系图

六、产前、产中核算体系的建立

产前、产中核算体系，是在原有日常会计核算基础上进行的。“生产”账户的借方，和过去一样，登记直接材料、直接人工、变动制造费用的实际成本；贷方将完工产品实际成本分别流入“产成品（社会平均成本）”、“产前控制降耗”、“产中控制降耗”、“优势成本差异”四个账户的借方。实际销售收入则分为四块从“社会平均销售收入”、“产前优质增收”、“产中畅销增收”、“优势收入差异”四个账户贷方，合流于“银行存款”账户借方。然后，将四块成本与相应的四块收入接轨（分别配比），分块核算利润，溯源于"社会平均利润"、"超额利润"账户贷方（"四费"及"销售税金"账户借方登记实际发生额，贷方将实际数分块流入"社会平均销售收入"、"产中畅销增收"、"优势收入差异"账户借方）。

这就是说，生产与销售过程的核算，首尾是合流的，是实际数；中间分块分流，以便考核产前、产中各责任中心的业绩。

七、"产前产中细算法"实例

【例4-1】 2002年筹建南方机器厂，生产钻床。已由筹建小组提出几种先进科技的建厂方案，通过"可行性研究"选中某一方案施工。共需投资5 000万元，社会平均投资利润率6％，预计年产量100台，预计社会平均单位售价40万元，预计每台应摊"四费"1.7万元及税金0.3万元。图4-4中(1)式诸指标可按下列顺序测算（以万元为记账单位）：

$$\frac{社会平均}{利润总额}=投资\times\frac{社会平均}{投资利润率}=5\,000\times6\%=300（万元）$$

$$\frac{社会平均}{单位利润}=\frac{社会平均}{利润总额}\div\frac{一定投资的预计}{社会平均年产量}=300\div100=3（万元）$$

$$\frac{社会平均}{单位成本}=\frac{社会平均}{单位售价}-\frac{社会平均}{单位利润}-\frac{每台应摊四}{费及税金}$$

$$=40-3-2=35（万元）$$

【例4-2】 2004年，南方机器厂建成，正式投入生产，建厂预计单位成本为34.6万元，建厂预计单位售价为40.2万元。汇总全年有关业务的"矢量"分录如下：

(1) 实际耗用原材料2 200万元，生产工人工资1 200万元，变动制造费用200万元，共3 600万元，记入"生产"账户借方。

(2) 实际发生固定制造费用100万元、管理费用40万元、财务费用10万元、销售费用20万元、销售税金30万元，共200万元，记入"期间费用"账户借方。

（以上两类业务的分录和过去一样，从略。）

（3）结转完工 100 台钻床的实际成本 3 440 万元，有关指标计算如下：

$$\genfrac{}{}{0pt}{}{社会平均}{总成本}=\genfrac{}{}{0pt}{}{实际}{产量}\times\genfrac{}{}{0pt}{}{社会平均}{单位成本}=100\times35=3\,500（万元）$$

$$\genfrac{}{}{0pt}{}{产前控}{制降耗}=\genfrac{}{}{0pt}{}{实际}{产量}\times\left(\genfrac{}{}{0pt}{}{建厂预计}{单位成本}-\genfrac{}{}{0pt}{}{社会平均}{单位成本}\right)$$

$$=100\times(34.6-35)=-40（万元）$$

$$\genfrac{}{}{0pt}{}{产中控}{制降耗}=\genfrac{}{}{0pt}{}{实际}{产量}\times\left(\genfrac{}{}{0pt}{}{实际单}{位成本}-\genfrac{}{}{0pt}{}{建厂预计}{单位成本}\right)$$

$$=100\times(34.4-34.6)=-20（万元）$$

贷：生产　3 440 ──→ 借：产成品（社会平均成本）　3 500

　　　　　　　　　　├→　　产前控制降耗　　　　　　 －40

　　　　　　　　　　└→　　产中控制降耗　　　　　　 －20

（4）销售产品 100 台，实际销售收入 4 020 万元。其中：社会平均销售收入＝实际销量×社会平均销售单价＝100×40＝4 000（万元）

$$\genfrac{}{}{0pt}{}{产前优}{质增收}=\genfrac{}{}{0pt}{}{实际}{产量}\times\left(\genfrac{}{}{0pt}{}{建厂预计}{销售单价}-\genfrac{}{}{0pt}{}{社会平均}{销售单价}\right)$$

$$=100\times(40.2-40)=20（万元）$$

$$\genfrac{}{}{0pt}{}{产中控}{制增收}=\genfrac{}{}{0pt}{}{实际}{产量}\times\left(\genfrac{}{}{0pt}{}{实际销}{售单价}-\genfrac{}{}{0pt}{}{建厂预计}{销售单价}\right)$$

$$=100\times(40.2-40.2)=0$$

贷：社会平均销售收入　4 000 ──→ 借：存款　4 020

　　产前优质增收　　　　　 20

（5）将已销产品 100 台的社会平均总成本 350 万元，转入社会平均销售收入账户，以便与销售收入接轨，追踪其去向。分录如下：

贷：产成品（社会平均成本） 3 500→借：社会平均销售收入 3 500

在这里，"转入"是说结账方向与资金运动方向是一致的；称"接轨"与"追踪"，是要考查这一部分成本的补偿与货币的回收情况。其前后连贯记录是"产成品社会平均成本→社会平均销售收入→银行存款"，这就说明产成品的社会平均成本 3 500 万元已从销售收入中得到补偿，其收回的货币（G）已存入银行。

（6）假设实际发生的期间费用 200 万元，与预算数 200 万元一致，没有超支与节约，故仅将此数转入社会平均销售收入账户。

贷：期间费用 200→借：社会平均销售收入 200

（7）在社会平均销售收入账户中，将借方所记社会平均销售成本、预计期间费用（统称社会平均计 v）共 3 700 万元，跟贷方所记社会平均销售收入（社会平均 c＋v＋m） 4 000 万元配比，收入大于成本 300 万元，就是生产过程中剩余劳动所创造的社会平均剩余价值（m），在销售过程中通过等价交换而得以实现。因此，要将这 300 万元从社会平均销售收入账户借方，溯源于社会平均利润账户贷方，以结平社会平均销售收入账户。

"溯源"者"逆流而上"也，其结账方向恰好与资金运动方向相反。因此，要按资金运动方向作分录如下：

贷：社会平均利润 300→借：社会平均销售收入 300

要透过现象看本质，看清其连贯记录是"社会平均利润→社会平均销售收入→银行存款"表明生产过程创造的社会平均剩余价值（m），通过等价交换已实现于销售过程，收回更多货币（g） 300 万元，也已存于银行。千万不可把年终结账方向误认为资金运动方向，甚至误认利润是在销售过程中贱买贵卖赚来的，那就大错而特错了。

（8）结转（结平）产前控制降耗 40 万元，与产前优质增收接轨。

贷：产前控制降耗　－40 →借：产前优质增收　－40

（9）在社会平均销售收入、社会平均销售成本、社会平均利润基础上，成本每降低 1 元，利润就增加 1 元，收入每增加 1 元，利润也增加 1 元。因此"产前优质增收"账户贷方所记 20 万元，与借方所记降耗 40 万元，共 60 万元，为产前控制增利，要从其借方溯源于"超额利润"账户贷方，以结平"产前优质增收"账户。其反映资金运动方向的贷借分录为：

贷：超额利润　60 →借：产前优质增收　60

请注意，由于优质增收而增加的利润 20 万元已直接转入银行存款账户借方，表示收入了更多货币（g）；由于降耗而增加的利润 40 万元，则是原来按社会平均销售成本收回的（G）中，有 40 万元转化为更多的货币（g）。

（10）结转（结平）产中控制降耗 20 万元，与产中畅销增收接轨。

贷：产中控制降耗　－20 →借：产中畅销增收　－20

（11）溯源产中控制增利（超额利润的第二个组成部分）20 万元，结平"产中畅销增收"账户。

贷：超额利润　20 →借：产中畅销增收　20

（12）社会平均利润 300 万元，按较高税率（例如 35％）交所得税 105 万元后，余下 195 万元全部按资分配，溯源于应交利润账户贷方。

贷：应交税金　105 ┐→借：社会平均利润　300
　　应交利润　195 ┘

（13）产前与产中控制增利统称超额利润，共 80 万元，先按较低税率（例如 30％）交所得税 24 万元；小部（30％）16.8 万元，按资分红；大部（70％）39.2 万元，留作奖励基金，按产前利、产中增利的一定比率，奖给创新职工股票,就奖得更准确。

货:应交税金　24 ——→ 借:超额利润　80

　　　应交利润　16.8 ——

　　　股本　　　39.2 ——

现将以上各笔业务的贷借"矢量"分录,在账户体系中作成资金运动图,如图4-5所示。

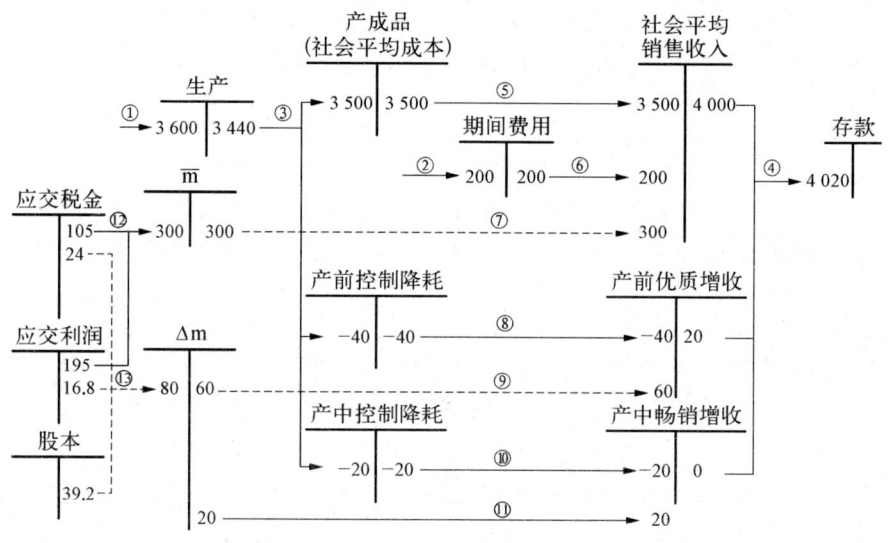

图4-5　"精算法"核算图

要着重指出,本图例跟第二节"简易法"图4-3相比,利润分为m̄与Δm两块后,其按资分配与按劳分配的核算基本一样。不同之处则是在生产过程增设"产前控制降耗"、"产中控制降耗"账户;在销售过程增设"社会平均销售收入"、"产前优质增收"和"产中畅销增收"账户,分块核算m̄与Δm。特别是揭示了创新劳动者在"产前"与"产中"怎样创新科技与管理方法,而创造Δm的详细情况。

这是第二种"创新劳动会计"。

第八节　不可随声附和

创立了"利润分块责任制"新经济体制,就可义正词严地提出"不可随声附和"。

一、不可试用"股票期权"

近 40 多年来,美国在"等式说"指导下,一直在摸索"股票期权"制,即如何将会计恒等式,扩展为"物质资产＋知识资产＝负债＋物力资本＋人才资本"以便预测人才资本价值,授予高管人员"股票期权"反映于资产负债表的左右两方,然后和物力资本一起,共同参与税后"营业利润"的分配。

要强调指出,这一方法理论上说不通,实践中行不通,我们千万不可盲目试用。

（一）不符合劳动价值学说

活劳动(人力)与物化劳动(物力)的区分是劳动价值理论中十分重要的问题。

生产过程,是劳动者运用生产工具(厂房、机器设备)作用于原材料,生产出人们需要的产品。为了进行生产,必须有一定的投资与负债,才有资金购建厂房、机器设备与原材料,这就形成了"资产＝负债＋资本"恒等式,可据以进行"物化劳动"的核算。

前文已经说明"活劳动"创造的价值有三:一是"常规劳动必要价值"(工资 v),二是"常规劳动剩余价值"(社会平均利润 m),三是"创新劳动剩余价值"(超额利润 Δm)。评定员工的工资等级,按月发工资(v),是第一步按劳分配的核算;根据投资额的一定比率,事先预测社会平均利润(m),税后全部上交,保证投资者(国家)的最低收益,是第一步按资分配的核算；创新劳动剩余价值（超额利润 Δm）无法事先预测，只能在期末才能切实核算出来，税后，小部按资分红，是第二步按资分配的核算；大部奖励创新人才，是第二步按劳分配的核算。

那么，事先预测劳动者未来可能创造的"创新劳动剩余价值 Δm"，授予高管人员"股票期权"，"物化"为"知识资产＝人才资本"，进行"按资分配"，则是"指鹿为马"，混淆了"活劳动"与"物化劳动"的界限，同时丢掉了"按劳分配"的观念，完全背离了马克思主义劳动价值理论。

（二）人才资源价值不可"资本化"

要强调指出，活劳动中的"创新劳动剩余价值 Δm"是"人才资源价值"，是一种新的"资金来源"，但由于未垫付资金，所以绝对不可"资本化"。

（三）预测不准确

还要强调指出，创新劳动剩余价值 Δm 无法事先预测。因为创新劳动是潜在于创新者体内的活劳动，靠灵感、靠天才，无法预知何年何月何人，有科技或管理方法创新，更无法预知创新价值的大小。所以，不论采用什么预测方法（未来工资报酬折现法、企业未来收益折现法等）都预测不准确。

（四）分配不准确

例如，当某企业的员工没有创新，只是进行简单再生产，实际上仅获得社会平均利润（常规劳动剩余价值）时，这是"最低收益"，本应全部分给物力资本所有者（优先股与普通股）。但由于会计只提供一个笼统的"营业利润"指标，而不知这次实现的利润仅仅是社会平均利润（常规劳动剩余价值）；那么，当高管人员已按月领工资（常规劳动必要价值）之后，再按行权后所持股份，参与税后营业利润的分配，就分得了不应得的钱，而物力资本所有者分不到最低的社会平均收益（常规劳动剩余价值)。

又如,没有授予股票期权的某职工,确有某种科技或管理方法创新,确实为企业创造了 Δm,但分不到一文钱,而被没有创新的持股职工分走。这就更加不合理了。

(五) 授予什么人,没标准

在西方,开始时股票期权只授予高管人员,不管有无业绩,都授予股票期权。近年来,扩展到技术人员和一般人员;那么,哪些技术人员和一般人员可以事先授予"股票期权"没有一个明确的标准,更不好操作。

二、不可使用"资本成本"一词

1991 年以来,美国一些大型企业推行"经济增加值(EVA)",并制订"EVA 分享计划",既为股东增加财富,又为有功人员增加收入。现已在可口可乐、西门子等全球 400 多家大型跨国公司应用。

这是美国经济学与会计学的重大发展,它和笔者所创立的"利润分块责任制——简易法"有不谋而合之处,但有差别:

他们的计算公式是:税后营业利润－资本成本＝经济增加值

我们的计算公式是:税后营业利润－社会平均利润＝超额利润

两个计算公式对照,就充分证明,他们所说的"资本成本"实际上就是"社会平均利润"(常规劳动剩余价值);"经济增加值"实际上就是"超额利润"(创新劳动剩余价值)。不称"社会平均利润 m",而称"资本成本"(cost of capital),就混淆了"成本"(c＋v)与"利润"(m)的界限,往往使人误将"财务费用"("筹资费用"与"银行借款利息支出"),也视为"资本成本"。但是这两项开支是在计算"营业利润"时已经扣除了的;那么,一次开支,两次计列,EVA 就计算不准确。

不称"超额利润"而称 EVA,又忽略了"创新劳动剩余价值"概念,难以大张旗鼓地奖励创新人才（Δm 应 70％～90％奖励创新人才）。

此外，还有两点不足之处：

（1）尚未按各企业上年实际盈亏额"量化"经理受托责任，难以约束激励经理。

（2）尚未考虑短少 m 后企业如何一步步回增 m，亏损企业如何一步步扭亏的问题（即如何计算其"创新劳动剩余价值"问题）。

希望不要盲目导入 EVA 指标，特别是不可使用"资本成本"一词。

第九节 "创新劳动会计"的壮丽蓝图

一、最好按"创新劳动剩余价值"的一定比例奖给股票

"本期 Δm"大部奖励创新人才时，也可不奖给现金，而按当时该企业的股票市场价格奖给实实在在的"股票"，看得见，摸得着，奖得准确。

第一，持股者马上成为该企业股东，享受股东权益，实实在在；第二，下年度再创 Δm，再按一定比例奖给股票，创新不已，奖给股票不已，企业欣欣向荣，创新劳动者先富起来；第三，你把企业经营好，股利率提高，可分得更多股利；第四，股票价格上涨，有人买，社会又给你更多回报。

这样奖给股票就把创新人才与企业兴旺紧紧联系在一起，更具有凝聚力和向心力。既可激励国内优秀人才，脱颖而出，留住人才；又可吸引国外高技术人才回国，为华夏献才智，落实了"人才强国战略"。

这比美国的"股票期权"科学多了。

二、先富、后富、共同富

可以为"创新劳动会计"刻画出一幅壮丽的"先富、后富、共同富"

蓝图：

在原有社会平均生产力基础上，当个别企业的先进个人发明创造一种新科技或管理方法，提高了生产力。从生产节约中求得内涵增产，降低了成本，增加了收入，从而创造了"创新劳动剩余价值"，就大部留成，奖励创新人才，让少数人先富起来。

其他企业的积极分子必竞相采用这种新科技或管理方法，跟着降低成本或增加收入，跟着创造"创新劳动剩余价值"，跟着大部留成奖励先进个人，跟着富起来。

最后，这种新科技或管理方法普遍推广，生产力普遍提高，"创新劳动剩余价值"转化为"常规劳动剩余价值"，国民收入普遍增长，就要普遍提高工资，共同富起来。

有个别企业的先进个人，发明创造新科技或管理方法，提高了生产力，又从生产节约中求得内涵增产，创造了"创新劳动剩余价值"，大部留成奖励创新人才，先富、后富、共同富。

这就充分说明，"创新劳动剩余价值"小部按资分红，大部奖励创新人才，是最科学的"创新劳动会计"。

第十节　回顾我研究"两步分配"的经过

一、改进利润留成办法的设想

（一）利润留成办法的缺陷

1978 年，我国开始试行企业基金制，迈开经济体制改革的第一步，同时在少数企业中试行"利润留成办法"。当时我正在岳阳化工总厂办会计短训班，借此机会深入实际调查研究，深感利润留成办法是按总利润的一定比例留成，尚待商榷。因为实际上利润是由几块组成的：一是一定投资起码要创造的"基本利润",可按社会平均投资利润率计算,投资越大基本利润越多,不算经济效益好;二是通过主观努力"降低成本增利",创造真正的经济效益;三是客观盈亏,更不说明经济效益好或坏;所以"总利润≠经济效益"。更为复杂的问题是,降低成本增利与客观盈亏这两块利润的数额变化无常,因此它们在总利润中所占比重,跟着变化无常,那么,按总利润一定比例留成,必然造成苦乐不均等问题,即使对同一企业而言,今年按某一比例留成恰当,而明年再按这个比例留成就不一定恰当。

(二)改进利润留成办法的设想

我认为,唯有从总利润中挖出"降低成本增利"按较大比例留成,留成后的利润统统上交,才是科学的办法。

这就是说,唯有当企业发动群众大搞技术革新,努力改善经营管理,在优质、高产、低消耗方面取得了成绩,成本比上年有所降低,利润有所增加,这样增加的利润才说明企业经营得好,才可从中提取"职工奖励基金"。

紧紧抓住降低成本这个"牛鼻子",就抓住了利润指标,抓住了产品分配,兼顾了国家、企业、个人三者物质利益,调动大家发展生产的积极性。这才是按"生产决定分配,分配反作用于生产"的观点办事。

我根据这一思想写成《利润留成办法改进意见》一文,送财政部科研所金仁雄同志,他选登于《财政研究资料》1980年第56期(《工业经济管理丛刊》1981年第2期转载)。

随后又写成《以成本降低为核心的利润留成办法》(载《武汉财会》1981年第2期),进一步表达了我对"利润留成办法"的一喜一忧心情,并详细分析利润增减的各种主客观因素,抓住主观努力降低成本而增加的利润进行合理分成,才是唯一的正确办法。

回顾 20 多年前我的这一思想,正是"利润分块责任制"——"简易法"的胚胎。

二、"利改税"的问题更多

(一)"利改税"不科学

由于"利润留成办法"存在种种问题,于是又有同志主张一面调整价格,一面积极推行"以税代利、自负盈亏"的办法(简称"利改税")。

但是,除了价格一时理不顺外,更严重的问题是,用什么税种来代替利润上交,税率又如何制订,没有一个科学的确切的依据和标准,只能摸索着办,因而问题会更多。

其实,关键问题不在于价格,也不在于利润留成办法的设想,而在于没有区别对待基本利润与降低成本增利,所以唯一正确的办法,还是我过去提出来的,从总利润中挖出"降低成本增利"进行合理分成。因此,我又特意写成《改革后的利润留成办法会比自负盈亏办法更好》一文(载《湖北财经学院学报》1981 年第 4 期)。

(二)希望暂缓推行"利改税"

1982 年 8 月,财政部召开"全国企业财务工作会议"为"利改税"做准备。我借参加会议的机会,把上述思想跟迟海滨副部长汇报,希望先试一试"节约增利留成办法"暂缓推行"以税代利、自负盈亏"的办法。迟部长很尊重我的意见,授意专门召开一次小型座谈会,要我详细介绍我的设想。会后,我写了《提高经济效益的新路子》一文(载《财贸经济》1982 年第 9 期)。

三、"生产决定分配"

(一)从基本理论方面进行研究

从实行"利润留成办法"、"利改税"的情况来看,我深深感到单纯

"从分配关系入手"难以达到预期目的。唯有一心一意抓生产,生产发展了,才能达到"国家多收、企业多留、个人多得"的目的。也即唯有按"生产决定分配"原则办事,分配才能反作用于生产,这是经济体制改革的方向。为此,专门作了如下研究。

特写《"以节约来增产"是人类社会发展的根本》一文(载《武汉财会》1983 年第 1 期增刊)。

1984 年又写《抓住"以节约来增产"建立中国独特的经济责任制》一文(中国成本研究会编:《成本管理文集》第四辑),明确提出,实行利润留成办法和利改税都不够理想,唯有紧紧抓住"以节约来增产"建立责任制,才抓住了根本。

1985 年 10 月,左春台同志来我校召开座谈会,我谈了上述思想,并把所写《利润的组成与增设"节约增利"考核指标》一文交给他,他带回财政部复印若干份,征求部里同志意见,大家都认为思路对头,于是推荐在《财政》1986 年第 3 期发表。

我在《资金运动会计理论》(湖北科学技术出版社 1986 年 1 月第一版)一书的第七章"会计职能与任务"中,详细分析了六种再生产(有基本剩余劳动的简单再生产、内涵扩大再生产、成本上升再生产、外延扩大再生产、保本再生产、亏损再生产)中成本与利润的关系,从而说明唯有内涵扩大再生产,才能从节约中求增产,才能使社会财富极大丰富,那么从内涵扩大再生产实现的利润(节约增利)中,以一小部分作为对国家的额外贡献,大部分留给企业奖励先进个人,又能反过来促进内涵扩大再生产进一步发展。

拙作《工业成本学》(吉林人民出版社 1986 年 7 月初版)一书的第十章,对"降低成本增利"与"节约增产增基本利"两指标的计算作了详细的介绍,可以采用"销售利润明细表分析法",也可采用"成本责任中心差异汇集法"。

　　1985 年,我给"全国总会计师培训班"讲述这一观点后,湖北鄂城重型机器厂程方耀同志提出"内涵利润"一词,我觉得比"节约增利"一词更贴切,故乐于采用。

　　我与李定安合著的《成本管理专题研究》(西南财经大学出版社1987 年 10 月初版)一书中,第一篇专门阐述发展科学技术、加强管理、降低成本、从节约中求增产、实现内涵利润,加以合理分成的问题。

　　(二)再次呼吁价格宜降不宜涨

　　"以税代利、自负盈亏"实行后效果不好,有的同志没看到这办法自身的缺陷,而归咎于价格,认为必须把价格理顺,才能在平等条件下开展竞争,自负盈亏,因而主张在一两年内用涨价的办法把全部价格理顺;甚至提出,来一次全面的价格大调整,一次涨价到位,一下子把它理顺。

　　我深感这种做法是十分危险的,特写《价格宜降不宜涨》一文(载《湖北财税》1987 年第 2 期),再次呼吁社会主义国家,只能随着生产力的发展,随着商品产品中社会必要劳动的降低,而不断降低物价。这种调整价格的办法叫做"将高就低"的办法,和"将低就高"的办法形成鲜明的对照。采用降价的办法,即使不增加工资,人民也感到日子越来越好过,有利于安定团结。

　　至于开展竞争的问题,在社会主义国家完全可以排除价格等客观因素,抓住主观努力结果——内涵扩大再生产的"内涵利润",加以合理分成,就能在平等条件下开展竞争。这样,可把人们的精力集中到发展生产力上,以免老在价格上兜圈子,分散精力。

四、承包制也存在致命弱点

　　1987 年,在全国各地普遍开展各种形式的承包责任制,虽有一定成效;但是也应清醒地看到,承包责任制仍然是以一个笼统的利润指标作为承包对象,仍然未区别对待基本利润与内涵利润,仍然未排除客观盈

亏,因此也存在致命弱点:

(1)由于利润结构变化无常,承包基数很难订得准确。虽然是一户一订、一户一率,也订不准确。即使今年订准确了,明年又不准确,这月订准确了,下月又不准确。

(2)奖金平均化,起不到"分配反作用于生产"的作用。

(3)工资与奖金增长速度往往超过生产力的增长。

(4)有的企业甚至把本应留作生产发展基金的也用于给职工发钱发物。

五、"税利分流"也不可取

1992年4月,财政部召开推行"税利分流制"的会议,实质是"税改利"。我觉得这样改来改去,兜圈子,并不能真正解决问题。

在会议期间,有一次我和张佑才副部长一起进餐时,我拿一个肉包子对张部长说:"我要把它一分为二,您看能否分得匀?"我正中分开后,张部长笑着说:"没分匀,右边一半肉多些。"我说:"我不知肉馅偏在哪一边,十有九分不匀。要是有个透视机,看清结构,就可分匀了。"张部长会意地微笑了。

这个比喻是说,利润受各种因素影响,实际上是由几块组成,而且不同企业的利润结构不同,同一企业不同年度的利润结构也不同,千变万化,那么,按笼统利润分配,则不论采用什么分配制度,都分不准确,始终存在鞭打"快牛"苦乐不均、短期行为、投资过热等问题。因此,必须弄清每个企业每一年度的利润结构,针对不同生产创造的不同的各块利润,分别采用不同的分配政策,才是经济体制改革的科学途径。

六、创立成本分块、收入分块、利润分块理论体系

由于深感美国的《管理会计学》未将产前成本控制差异纳入账内核

算,是一大缺陷。因此,特写《第四次会计革命(第三次成本会计革命)》一文(载《吉林会计》1990 年第 7 期),总结 500 多年来三次会计革命的经验,都是随着经济的发展,产生某种新的经济业务,开始是在账外记录与考核,经过一段时期才纳入账内核算,而完成一次会计革命。现在,要进行第四次会计革命,将产前成本控制差异,也纳入账内,与产中成本差异结合起来,排除客观成本差异,算出"降低成本增利"(内涵利润)。

后来又考虑,不仅成本影响利润,收入也会影响利润,因而进一步提出收入分块的观点。即产前控制预计销售收入大于社会平均销售收入之数,就是"产前优质增收";产中控制实际销售收入大于产前预计销售收入之数,就是"产中畅销增收",并且另计算客观收入差异,统统纳入账内核算。

在社会平均成本、社会平均收入、社会平均利润基础上,成本每降低 1 元,内涵利润增加 1 元,收入每增加 1 元,内涵利润也增加 1 元。因此,产前控制降耗与产前优质增收之和为"产前内涵利润";产中控制降耗与产中畅销增收之和为"产中内涵利润";客观成本差异与客观收入差异的代数和为"客观盈亏"。

这样,就形成了完整的"成本分块、收入分块、利润分块"理论体系与核算体系(这就是"利润分块责任制——精算法")。

为此特写《内涵利润分成制——深化企业改革新的思路》(载《成本与价格资料》1988 年第 1 期)、《论利润分块承包责任制》(载《会计研究》1992 年第 1 期)等文,再次呼吁:不要单"从分配关系入手"要"从发展生产入手";不要理睬价格,要算出真贡献,开展竞争。具体办法是:划小成本控制时空范围,责任到人,排除价格等客观因素,算好科技进步、管理水平提高、职工素质提高、从节约中求增产、内涵利润、内涵利润分成这笔账。

内涵扩大再生产决定内涵利润分成,内涵利润分成促进内涵扩大再生产进一步发展,如此循环往复,社会财富就越来越丰富。

《成本分块与利润分块理论》(已发表的十篇论文)获国家教委 1992 年度科技进步奖(甲类)三等奖。

七、"利润分块责任制"鄂州试点成功

1990 年,我向湖北省科委申请《利润分块责任制的研究与试点》重点软科学研究课题,由中南财经大学、湖北省财政厅、鄂州市财政局等单位选派十几位同志成立课题组,在鄂城重型机器厂、鄂州市钟厂、鄂州市化肥厂于 1991 年试行 1 年,进展顺利,成绩显著。特别是三厂为了争取多创造内涵利润,竞相引进或创造新科学技术,形成"从节约中求增产"的良性循环。

1992 年 3 月 5 日,湖北省科委在鄂州召开专家鉴定会,14 位国内专家一致认为,选题及研究路线正确,是一项具有重要理论与实用价值的开拓性成果。

《湖北日报》1992 年 3 月 23 日头版头条,作了《破除企业利润"大锅饭""利润分块承包责任制"在鄂州试点成功》的报道(汪洋、杨锷);上海《新闻报》1992 年 8 月 14 日头版头条作了《一项具有重要理论与实用价值的开拓性科研成果诞生:易庭源提出独特的"利润分块"理论,传统的"利润=经济效益"恒等式遭到否定;最大限度地追求"内涵利润"是企业的最佳选择》的报道(杨为忠);北京《经济参考报》1992 年 11 月 22 日在《学者论坛》栏摘要报道了《易庭源教授提出"利润分块"理论》(加木荐);《财大教工》1992 年 4 月 15 日报道《成功之路——会计系领衔完成一项重大科研课题》(聂红斌);王欣、汪洋:《把"粑粑"越做越大——访利润分块理论创立者易庭源教授》(《湖北日报》1992 年 5 月 12 日);张龙平:《一项鼓舞人心的会计研究成果——"利润分块承包责任制"在

鄂州通过鉴定》(《财会月刊》1992年第4期);文善恩:《完善承包经营责任制的现实选择——"利润分块承包责任制"在鄂州通过鉴定》(《财务与会计》1992年第5期);程瑞川:《承包经营的希望之路——"利润分块"承包责任制试点成功》(《财会通讯》1992年第5期);张杰明:《完善社会主义分配制度的新探索——"利润分块"理论与实践评价》(《现代会计》1992年第6期);程瑞川:《我国利润理论的一个突破——"利润分块"理论述评》(《亚太经济时报》1992年10月18日)。

小　结

(1) 国有企业再生过程中,客观存在着社会平均利润(常规劳动剩余价值)M,与超额利润(创新劳动剩余价值)Δm,是创立"利润分块责任制"的逻辑起点。

(2) 老国有企业,有的盈,有的亏,只好硬性规定,一律实行"利润分块责任制——简易法",按各工农企业上年实际盈亏额"量化"经理受托责任,向上者奖,向下者罚(甚至撤职)。

(3) 筹建新国有企业时,要实行"利润分块责任制——产前、产中细算法"。产前按拟生产产品的社会平均单位成本、单位售价与单位利润"量化"经理受托责任,控制预计数,核算"产前超额利润";产中(供、产、销过程)以产前预计数控制实际数,核算"产中超额利润"。

(4) 二法都要责成经理,从整个国民经济协调发展的高度,根据市场竞争各方面信息,在进行"基本建设"时多多调查研究,采用"可行性研究"、"价值工程"等方法,周密盘算,合理配置资源,提高生产力,保证除了实现"增资增m"外,还能实现更多的Δm。

(5) 二法都要进行"两步按劳分配,两步按资分配"。按月发工资,是"第一步按劳分配",m税后,全部上交,是"第一步按资分配";创新劳

动剩余价值 Δm，税后，小部按资分红，是"第二步按资分配"；大部奖励创新人才，是"第二步按劳分配"。越是难于创新的企业，其创新劳动剩余价值奖给创新者的比率，应当越高。也可不奖给现金，而奖给实实在在的股票，是最科学的"创新劳动会计"。

（6）两步按资分配，产权清晰；两步按劳分配，权责明确，这时就能切实做到"政企分开"，既克服了由于"所有者虚位"，对经理"监控弱化"的难题，又克服了只核算一个笼统"利润"指标，分配不准确难题。

（7）既要借鉴西方经验，又不可盲目照搬。① 要借鉴西方优先股普通股"分块分配利润"经验，不可只发行普通股；② 创立人才资源会计的思路，值得借鉴；但"预测人才资本价值授予股票期权法"，预测不准确，分配不准确，不可盲目照搬；③ "经济增加值（EVA）"虽与利润分块责任制"简易法"不谋而合，但他们使用"资本成本"一词不科学。

（罗红雨、李秋茹、田延平等同志对本章作了修改，提了许多宝贵意见。）

第五章

设计"资金运动总账"

——全面反映"三类现金流量"

整个"会计对象"动态与静态的特征,是研究账簿组织与会计报表编制方法的逻辑起点。

传统账表的缺陷:一是账簿组织繁杂,二是没有一张全面反映资金动态的报表。

我们要吸取"日记总账制"经验,设计一张"多栏式"资金运动总账,每一账户一栏;同时吸取"汇总记账"经验,汇总三类"现金流量"业务,分行登记"从贷到借"的"矢量"分录,箭头的起点为贷,终点为借。

这时,就可在一纸之上全面系统地反映每月发生的全部经济业务;同时在月末结出各账户"本期借贷发生额及余额",不仅可替代"现金流量表"的编制,而且可替代资产负债表与利润表的编制。

因此,可复印一份作为"动态"总报表,就彻底克服了传统账簿与报表的缺陷。

第一节 "分户订本式总账"的缺陷

现在,很多企业的"总分类账"采用"分户订本式",一个账户一页,装订成册;因此,每笔业务的"借贷分录"都要分别记入两个账页。其缺陷是事后难于查账。

例如,某企业生产领用材料 5 万元,其所作"借:生产 5 万元;贷:材料 5 万元"的分录,要分别记入"生产"账户借方(假设在第 18 页),"材料"账户贷方(假设在第 10 页),中间相隔若干页。这给日后查账,造成极大困难。即使互相注明对方科目也很难查考。

第 二 节 "日 记 总 账 制"的 优 点 与 缺 陷

一、日记总账制的优点

过去,有一种较好的账簿组织,叫"日记总账制"(Journal Ledger,德国称"亚美利加式簿记"Amerikonische Buchhaltung),是把各"T"字账户并列在一页纸上,使各账户成为一个个专栏。平时,可根据记账凭证按经济业务发生的顺序,逐行登记其借贷分录,就把日记账与总账集聚于一身。现举例说明,如表 5-1 所示。

表 5-1

日 记 总 账

日期		摘 要	资本		银行借款		利润		应付账款		应付工资		银行存款		材料	
			借	贷	借	贷	借	贷	借	贷	借	贷	借	贷	借	贷
2	1	向银行借款				900								900		
	4	购料												200	200	

在"日记总账制"下,由于是在同一行中登记五笔业务的借贷分录,因此在总账上,对应关系鲜明,此其优点一;同时还由于它是分行序时登记的,故日记总账具有序时记录的作用,一举两得,省掉了由日记账过入总账的繁琐手续,此其优点二。

二、日记总账制的缺陷

日记总账的缺陷是:首先,科目多的企业采用日记总账制,账页过长,使用不便;业务多的企业,一个月要连续登记几页日记总账,也难以得到总的概念,而每一页账纸上又空白很多。

第三节　如何编制"现金流量表"

"现金流量表"是西方企业通过长期实践慢慢摸索出来的一种新型动态报表,它全面地反映敏感性最强的"经营活动、投资活动、筹资活动"的现金收支。这是会计报表的一大发展。

为适应社会主义市场经济发展的需要,进一步与国际会计接轨,财政部于1998年3月20日颁布《企业会计准则——现金流量表》,规定从1998年1月1日起执行。

一、什么是"现金"

这里是"大现金"的概念,包括"现金"与"现金等价物"两部分。

"现金"包括企业的库存现金、银行存款以及其他货币资金中的外埠存款、银行汇票存款、银行本票存款等可随时支用的款项。不能随时支取的定期存款等,不应作为"现金";但提前通知金融企业便可支取的定期存款,仍应包括在"现金"范围内。

"现金等价物"是指企业持有的期限短(3个月)、流动性强、易于转换为已知金额的现金、价值变动风险很小的投资。例如,可在证券市场流通的3个月到期的短期债券投资等。

二、"现金流量"的分类

企业在一定时期内,"现金"流入和流出的数量共分三类,即经营活动产生的现金流量、投资活动产生的现金流量、筹资活动产生的现金流量。

(一)经营活动

指企业投资活动和筹资活动以外的有关交易事项,以工业企业来说,主要包括销售商品、提供劳务、经营性租赁、购买商品(材料)、接受劳务、支付工资、广告宣传、推销产品、交纳税款等。

(二)投资活动

指企业长期资产的购建和不包括在现金等价物范围内的投资及其处置活动。主要包括:① 购建和处置固定资产、无形资产和其他长期资产;② 取得和收回投资(权益性投资和债权性投资)。

(三)筹资活动

指导致企业资金及债务规模和构成发生变化的活动。主要内容:① 从资金方面来看,包括吸收投资、发行股票、分配利润等;② 从债务方面来看,包括发行债务、向金融企业借入款项、偿还债务等。

三、现金流量表的结构

我国《企业会计准则》规定,现金流量表为年度报表,格式如表5-2所示。

表 5-2

现 金 流 量 表

编制单位：××公司　　　　　　　2004 年度　　　　　　　单位：万元

项　　目	行次	金　额
一、经营活动产生的现金流量		
销售商品、提供劳务收到的现金	1	1 342.5
现金收入小计	3	1 342.5
购买商品、接受劳务支付的现金	4	392.266
支付给职工以及为职工支付的现金	5	300
实际交纳的增值税款	6	110
支付的所得税款	7	97.089
支付的除增值税、所得税以外的其他税费	8	2
支付的其他与经营活动有关的现金	9	70
现金支出小计	10	961.355
经营活动产生的现金流量净额	11	381.145
二、投资活动产生的现金流量		
收回投资所收到的现金	12	16.5
分得股利或利润所收到的现金	13	30
处置固定资产收到的现金净额	14	300.3
现金收入小计	15	346.8
购建固定资产所支付的现金	16	451
现金支出小计	17	451
投资活动产生的现金流量净额	18	−104.2
三、筹资活动产生的现金流量		
借款所收到的现金	19	400
现金收入小计	20	400
偿还债务所支付的现金	21	1 250
偿付利息所支付的现金	22	12.5
现金支出小计	23	1 262.5
筹资活动产生的现金流量净额	24	−862.5
四、现金及现金等价物净增加额	25	−585.555

四、要从资金运动规律中掌握现金流量

目前普遍反映现金流量表的编制难度大,一是三种现金流量指标难以取得,而且工作量很大;二是"将净利润调节为经营活动现金流量"很零乱,难以掌握。

症结在于传统"分户订本式总账"的各个账户是孤立的,即使对各账户借贷发生额互相注明对方科目,也难以一目了然地掌握资金运动的来龙去脉;加以在"等式说"指导下,对"同增"、"同减"或"有增有减"业务,往往弄错资金运动方向,这就给现金流量表的编制造成更大的困难。

为了便于从企业再生产过程中资金运动的规律,来掌握各种"现金流量",特将"现金流量与净利润关系"图示如下(图 5-1)。

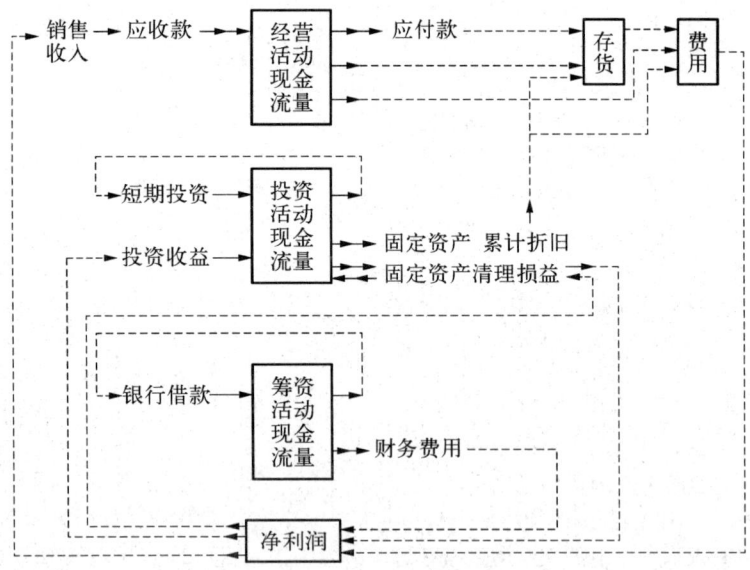

图 5-1 现金流量与净利润关系图

第四节 "资金运动总账"的设计

一、废除"分户订本式总账",设计"资金运动总账"

从图 5-1 来看,经营活动现金流量、投资活动现金流量、筹资活动现金流量三者,都是企业在生产过程中资金运动的一个有机组成部分;因此,为了便于从资金运动中掌握现金流量及其与净利润的关系,应当废除"分户订本式总账",设计账表合一的"资金运动总账"。

这种新式总账,从纵的各栏来看是吸取"日记总账制"的优点,将所有账户按资金运动规律设置专栏;从横的各行来看,是吸取"汇总记账"的经验,以三类"现金流量"为骨干,每月将所有业务按其内存联系分为若干类,分别汇总各类业务的借贷发生额,用箭头在同一行中,登记其"从贷到借"的"矢量"分录(各类业务的箭头都是事先印好的,只须登记其金额,大大简化了记账工作,也大大地简化查账对账工作。某些不常发生的业务则在预留空白行临时登记)再结算出各账户本月借贷发生额及月末余额,就能在一张账页上全面地、系统地反映整个资金运动的来龙去脉,三类"现金流量"一目了然。

二、"资金运动总账"中账户专栏的简化

由于"资金运动总账"是按业务分类汇总,分行登记其"从贷到借"的"矢量"分录,则每一账户登记的笔数不多;因此,各账户无须分为借贷两栏,而在一栏中以箭头起点所记金额为贷,箭头终点所记金额为借。这样简化,可较"日记总账"的账页,缩小一半,记错栏和行的情况就少了。

此外,为了缩小账页,还可将"应收票据"、"应收账款"合并为"应收款";将"应付票据"、"应付账款"、"其他应付款"、"应付工资"、"应付福利费"、"应交税金"合并为"应付款";将"长期借款"、"短期借款"合并为"银行借款";将"坏账准备"、"待摊费用"、"预提费用"记于一栏;将"销售费用"、"销售税金及附加"记于一栏。这样归并既缩小了账页,又可从业务分类查明各栏所记金额,属于什么明细账户,例如,从"购买商品"的业务"行"与"应付款"账户"栏",交叉点所记金额,就知道是"应付货款及增值税"的记录。

资金运动总账越简明,就越便于抓住主流。

三、各类业务日记账的增设

在"资金运动总账"中,有几类业务,每月只发生一笔或少数几笔,可根据记账凭证登记或汇总登记。有几类业务则是经常发生的,虽然也可根据同类业务的记账凭证汇总登记,但鉴于大量散单汇总有种种缺点,所以可采用分别设立各类业务日记账的办法(如"销售日记账"、"购料日记账"等)。这种日记账与西方特种日记账有些类似,但由于是按业务分类设置的,而不是按会计科目设置的,因此较西方特种日记账更复合,不存在将一笔业务记入两本日记账,各"√"一方的问题。

第五节 "资金运动总账"的登记

现以《企业会计准则——现金流量表》(经济科学出版社 1998 年版)第 53 - 62 页所举 44 笔经济业务,说明"资金运动总账"的登记,三类"现金流量",一目了然。

(请注意:① 原来 44 笔经济业务的金额不变,但以"万元"为单位,数据更加简明,便于掌握其来龙去脉;② 材料核算改按实际成本计价;③ 经济业务的顺序略有调整;④ 要按照"资金运动总账"的业务分类编制记账凭证,以便按业务分类汇总,千万不要把两类业务的分录编在一张记账凭证上,例如 12 笔业务的②、③两笔分录,就不能合并为一笔分录;⑤ 以业务顺序号,作为"凭证号"。)

设某公司 2004 年发生的经济业务及其"从贷到借"的"矢量"分录如下:(以"万元"为记账单位)

(1) 用银行存款支付到期的商业承兑汇票 100 万元,增值税(进项税)已于上期支付。

贷:银行存款　100→借:应付款(应付票据——货款)　100

(2) 购入原材料一批,货款 150 万元,增值税(进项税)25.5 万元,均用银行存款支付。材料未到(注:准许以交纳的进项税额抵交销项税,计算公式为:"应交增值税＝当期销项税－当期进项税",故无须另作"贷:应交进项税"的记录)。

贷:银行存款　175.5 ━━▶ 借:在途材料　　　　　　　150
　　　　　　　 ┗━▶ 应付款(增值税——进项税)　25.5

(3) 验收一批材料入库,实际成本 100 万元,货款已于上月支付。

贷:在途材料　100→借:材料　100

(4) 购入材料一批,验收入库,货款及运费 99.8 万元,增值税(进项税)16.966 万元,均用银行汇票支付。

贷:其他货币资金　116.766 ━━▶ 借:材料　　　　　　　　　99.8
　　　　　　　　　　　 ┗━▶ 应付款(增值税——进项税)
　　　　　　　　　　　　　　　　　　　　　　　　　16.966

(5) 销售产品一批,货款 300 万元,增值税(销项税)51 万元,款未收到。

① 贷:销售收入　300→借:应收款(货款)　300

161

② 贷：应付款（增值税） 51→借：应收款（增值税） 51

（6）将短期投资（股票投资）15 万元兑现，除收到本金外，还有投资收益 15 万元，均存入银行。

贷：短期投资 15 ┐
　　　　　　　　　├→借：银行存款 16.5
　　投资收益 1.5 ┘

（7）购入不需安装的设备一台，价款 85.47 万元，增值税 14.53 万元，运费 1 万元，共 101 万元，用银行存款支付。设备已交付使用。

贷：银行存款 101→借：固定资产 101

（8）在建工程购入物资一批，价款 150 万元（含增值税），已用银行存款支付。

贷：银行存款 150→借：在建工程 150

（9）应付固定资产投资方向调节税 100 万元。

贷：应付款（调节税） 100→借：在建工程 100

（10）计算在建工程长期借款利息 150 万元，该项借款本息未付。

贷：银行借款（应付利息） 150→借：在建工程 150

（11）一项在建工程完成，价值 1 400 万元，已交付使用。

贷：在建工程 1 400→借：固定资产 1 400

（12）一台机器报废，原价 200 万元，已提折旧 180 万元，清理费 0.5 万元，残值收入 0.8 万元，后两项相抵净收 0.3 万元存入银行，清理净损失 19.7 万元。

① 贷：固定资产 200 ┐→借：累计折旧 180
　　　　　　　　　　　└→　　固定资产清理 20

② 贷：固定资产清理 0.3→借：银行存款 0.3

③ 贷：固定资产清理 19.7→借：营业外支出 19.7

（13）为购建固定资产向银行借入 3 年期借款 400 万元，转入银行存款。

贷：银行借款（长期）　400→借：银行存款　400

（14）销售产品一批，价款 700 万元，增值税（销项税）119 万元，款收到，存入银行。

贷：销售收入　　　　　　　　　700┐
　　应付款（增值税 —— 销项税）　119┘→借：银行存款　819

（15）一张无息银行承兑汇票到期，面值 200 万元（不含增值税），收到银行进账单，已转存。

贷：应收款（货款）　200→借：银行存款　200

（16）收到短期投资股票的股息 30 万元，存入银行。

贷：投资收益　30→借：银行存款　30

（17）出售一台不需用的设备价款 300 万元，存入银行。该设备原价 400 万元，已计提折旧 150 万元。

① 贷：固定资产　400┐→借：累计折旧　　　　150
　　　　　　　　　　　　　└→　　固定资产清理　　250

② 贷：固定资产清理　300→借：银行存款　300

③ 贷：营业外收入　50→借：固定资产清理　50

（18）归还短期借款本金 250 万元，利息 12.5 万元（利息已预提）。

① 贷：银行存款　250→借：银行借款（短期）　250

② 贷：银行存款　12.5→借：预提费用　12.5

（19）计算应付工资 500 万元，其中：生产工人工资 275 万元，车间管理人员工资 10 万元，行政管理部门人员工资 15 万元，在建工程人员工资 200 万元。

① 贷：应付款（应付工资）　300┐→借：生产成本　275
　　　　　　　　　　　　　　　├→　　制造费用　　10
　　　　　　　　　　　　　　　└→　　管理费用　　15

② 贷：应付款（应付工资）　200→借：在建工程　200

(20) 提取职工福利费 70 万元,其中:生产工人福利费 38.5 万元,车间管理人员福利费 1.4 万元,行政管理人员福利费 2.1 万元,在建工程人员福利费 28 万元。

① 贷:应付款(福利费)　42 ——→借:生产成本　38.5

→ 制造费用　1.4

→ 管理费用　2.1

② 贷:应付款(福利费)　28 →借:在建工程　28

(21) 从银行提取现金 500 万元,准备发工资。

贷:银行存款　500 →借:现金　500

(22) 支付工资 500 万元,其中:主营业务人员工资 300 万元,在建工程人员工资 200 万元。

① 贷:现金　300 →借:应付款(营业人员工资)　300

② 贷:现金　200 →借:应付款(在建工程工资)　200

(23) 预提应计入本期损益的借款利息共 21.5 万元,其中:短期借款利息 11.5 万元,长期借款利息 10 万元。

贷:银行借款(长期借款利息)　10 ——→借:财务费用　21.5

预提费用　11.5 —

(24) 产品生产领用原材料 735 万元,车间领用低值易耗品 52.5 万元。

① 贷:材料　735 →借:生产成本　735

② 贷:低值易耗品　52.5 →借:制造费用　52.5

(25) 材料成本差异从略。

(26) 摊销无形资产 60 万元。原来发生的固定资产中小修理费和印花税,已记入"待摊费用"账户借方,现在按期摊销基本生产车间固定资产中小修理费 90 万元,印花税 10 万元。

① 贷:无形资产　60 →借:管理费用　60

② 贷:待摊费用　90 →借:制造费用(中小修理费)　90

③ 贷：待摊费用　10→借：管理费用（印花税）　10

（27）计提基本生产车间固定资产折旧 80 万元,行政部门固定资产折旧 20 万元。

贷：累计折旧　100┐→借：制造费用　80
　　　　　　　　　└→　　管理费用　20

（28）收到应收账款 51 万元（不含增值税）,存入银行。按应收账款期初余额 30 万元的 3‰计提坏账准备 0.9 万元。

① 贷：应收款（货款）　51→借：银行存款　51

② 贷：坏帐准备　0.9→借：管理费用　0.9

（29）用银行存款支付产品展览费 10 万元。

贷：银行存款　10→借：销售费用　10

（30）偿还长期借款 1 000 万元。

贷：银行存款　1 000→借：银行借款（长期）　1 000

（31）用银行存款支付广告费 10 万元。

贷：银行存款　10→借：销售费用　10

（32）采用商业承兑汇票结算方式销售产品一批,价款 250 万元,增值税（销项税）42.5 万元。

① 贷：销售收入　250→借：应收款（货款）　250

② 贷：应付款（增值税）　42.5→借：应收款（增值税）　42.5

（33）将上述承兑汇票到银行贴现,贴现息为 20 万元。

贷：应收款（货款、增值税）　292.5┐→借：银行存款　272.5
　　　　　　　　　　　　　　　　　└→　　财务费用　20

（34）提取现款 50 万元,准备支付退休费。

贷：银行存款　50→借：现金　50

（35）支付退休金 50 万元,未统筹。

贷：现金　50→借：管理费用（劳动保险费）　50

（36）产品销售应交教育附加费 2 万元。

贷：应付款（教育附加费）　2→借：产品销售税金及附加　2

（37）用银行存款交纳增值现 100 万元，教育附加费 2 万元。

① 贷：银行存款　100→借：应付款（增值税）　100

② 贷：银行存款　2→借：应付款（教育附加费）　2

（38）结转本期制造费用 233.9 万元。结转本期完工产品成本 1 282.4 万元（期初期末均无产品）。

① 贷：制造费用　233.9→借：生产成本　233.9

② 贷：生产成本　1 282.4→借：产成品　1 282.4

（39）结转本期产品销售成本 750 万元。

贷：产成品　750→借：销售成本　750

（40）计算本期利润。

① 贷：本年利润　1 331.5——→借：销售收入　1 250

　　　　　　　　　　　　　→　投资收益　　31.5

　　　　　　　　　　　　　→　营业收入　　50

② 贷：销售成本　　　　　750——→借：本年利润　991.2

　　　销售费用　　　　　20

　　　销售税金及附加　　2

　　　管理费用　　　　　158

　　　财务费用　　　　　41.5

　　　营业外支出　　　　19.7

（41）根据本期毛利 340.3 万元（＝1 331.5－991.2），计算应交所得税 102.399 万元［＝（340.3－30）×33％］。

贷：应付款（所得税）　102.399→借：本年利润　102.399

根据上述经济业务，登记销售日记账（表 5－3）、购料日记账（表 5－4）、支付其他经营费日记账（表 5－5）、固定资产清理日记账（表 5－6）、购建固定资产支出日记账（表 5－7）。

表 5-3

销 售 日 记 账　　　　　单位：千元

日期	凭证号	摘　要	销售收入	应收款	现金	应付款	财务费用
	(5)[1]	销售产品一批,款未收到	300	300			
	(5)[2]	增值税(销项税额)		51		51	
	(14)	销售产品一批,收到货款及增值税(销项税)	700		819	119	
	(15)	银行承兑汇票到期,转存		200	200		
	(28)[1]	收到应收账款(不含增值税)		51	51		
	(32)[1]	采用商业承兑汇票结算方式销售产品一批	250	250			
	(32)[2]	增值税(销项税额)		42.5		42.5	
	(33)	将上述汇票向银行贴现		292.5	272.5		20
		合　计	1 250	643.5	1 342.5	212.5	20
				543.5			

表 5-4

购 料 日 记 账　　　　　单位：千元

日期	凭证号	摘　要	现金	应付款	在途材料	材料低值易耗品
	(1)	支付到期的商业承兑汇票	100	100		
	(2)	支付购料款及增值税,料未到	175.5	25.5	150	
	(3)	收到在途材料			100	100
	(4)	支付购料款及增值税,收到材料	116.766	16.966		99.8
		合　计	392.266	142.466	150	199.8
					100	

167

表 5 - 5

支付其他经营费日记账　　　　单位：千元

日期	凭证号	摘　要	现金	销售费、税金、附加	管理费用
	(29)	产品展览费	10	10	
	(31)	广告费	10	10	
	(35)	退休金	50		50
		合　计	70	20	50

表 5 - 6

固定资产清理日记账　　　　单位：千元

日期	凭证号	摘　要		营业外收入	现金	固定资产	累计折旧	固定资产清理	营业外支出
	(12)[1]	转入清理				200	180	20	
	(12)[2]	净收现金			0.3			0.3	
	(12)[3]	清理损失						19.7	19.7
	(17)[1]	转入清理				400	150	250	
	(17)[2]	收入现金			300			300	
	(17)[3]	清理收益		50				50	
		合计	转入清理			600	330	270	
			收入现金		300.3			300.3	
			清理损益	50				30.3	19.7

168

表 5 - 7

购建固定资产支出日记账　　　　单位：千元

日期	凭证号	摘　　要	银行借款	现金	应付款	在建工程	固定资产
	(7)	购入一台不需安装设备		101			101
	(8)	在建工程购入物资		150		150	
	(9)	应付固定资产投资方向调节税			100	100	
	(10)	在建工程长期借款利息	150			150	
	(19)[2]	计算在建工程人员应付工资			200	200	
	(20)[2]	提取在建工程人员福利费			28	28	
	(22)[2]	支付在建工程人员工资		200	200		
		合　　计	150	451	328	628	101
					→200		

一、记账程序图

现将资金运动总账的记账程序如图 5 - 2 所示。

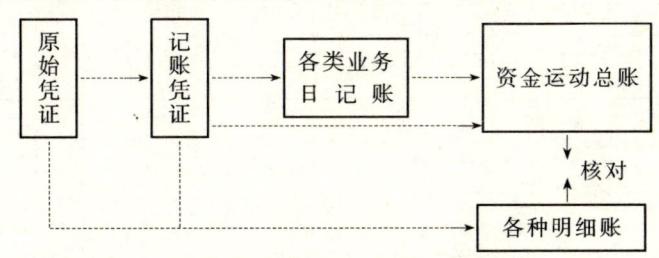

图 5 - 2　资金运动总账记账程序图

二、资金运动总账的登记

根据上述各项经济业务或各类业务日记账的合计数,登记资金运动总账,如表 5 - 8 所示。

表 5-8

资金运

编制单位：××公司   2004

	业务分类及凭证号	本年利润	银行借款	营业外收入	短期投资	投资收益	销售收入	应收款	现金	应付款
	销售(5)(14)(28)¹(32)(33)						1250 ∨ 543.5	643.5	1342.5	212.5 ∨
	预测坏账准备(28)²									
	购料(1)(2)(3)(4)								192.266 ∨	142.466
经	领料(24)³(24)²									
营	应付工资及福利费(19)¹(20)¹									342
活	支付工资(22)¹								300 ∨	300
动	实际交纳的增值税(37)¹								100 ∨	100
	支付所得税(42)								97.089 ∨	97.089
	应交教育附加费(36)、摊销印花税(26)³									
	交纳教育附加费(37)²								2 ∨	2
	支付其他经营费(29)(31)(35)								70	
	收益投资(6)				15 ∨	1.5			16.5	
	分得股利或利润(16)					30			30	
投	处置固定资产：转入清理(12)¹(17)¹									
资	收付现金(12)²(17)²								300.3	
活	清理损益(12)³(17)³				50 ∨					
动	购建固定资产 支出(7)(8)(9)(10)(19)²(20)²(22)²		150 ∨						451	328
	在建工程完工(11)									200
	折旧(27)无形资产摊销(26)¹中小修理(26)²									
筹	借款收现(13)		400						400	
资	还借款付现(18)¹(30)		1 250						1 250 ∨	
活	摊息 预计(23)		10 ∨							
动	摊息 支付(18)²								12.5 ∨	
	结转制造费用(38)¹									
	结转完工产品成本(38)²									
	结转产品销售成本(39)									
	计算损益 资源收益(40)¹	1 331.5		50	31.5	1 250				
	计算损益 结转销售成本及期间费用(40)²	991.2								
	计算应交所得税(41)	102.399								102.399

动总账

年度   单位：万元

在建工程	固定资产	累计折旧	固定资产清理	无形资产	在途材料	材料低易耗	坏账、待摊、预测	制造费用	生产成本	产成品	销售成本	销售费税金附加	管理费用	财务费用	营业外支出
														10	
							0.9							0.9	
					150 / 100	199.8 / 787.5									
								52.5	735						
						11.4		313.5					17.1		
							10					2		10	
												20		50	
	600	330	270												
			300.3												
			30.3												19.7
628 / 1 400	101 / 1 400														
		100		60				90	170				80		
								11.5 / 12.5						21.5	
								233.9	233.9						
									1 282.4	1 282.4					
										750	750				
											750	22	158	41.5	19.7

三、以资金运动总账作总报表

这样设计的"资金运动总账"除了便于编制现金流量表（利润表）外，还可复印一份作为全面反映动态与静态的总报表，又弥补了传统报表体系的缺陷。

更重要的是全面系统地反映了"创新劳动"的成果。

小　　　结

综上所述，传统账簿组织的缺陷，主要是先将各笔业务的借贷分录记入"日记账"，再分别过入"分户式订本总账"，在厚厚的一本总账中，很难掌握资金运动的来龙去脉；传统报表体系有一张全面反映静态的资产负债表，有反映销售过程动态的利润表，有反映生产过程动态的成本表，有反映现金收支动态的现金流量表，却没有一张全面反映动态与静态的总报表，而编制现金流量表有难度，针对这些问题，特吸取"日记总账"和汇总过账的经验，设计一张"资金运动总账"。纵的方面，是按各账户的内存联系设置专栏；横的方面，是将所有业务按其与一种现金流量的内存联系，分为若干类，按月分类汇总，分行登记其"从贷到借"的"矢量"分录，然后结算出各账户本月借贷发生额及月末余额。这种新式总账除了和"日记总账"一样，具有账户对应关系清晰，易学易懂等优点外，还有如下优点：

（1）主要账户、主要业务，以及各类业务"从贷到借"的箭头，都是事先印好的，只需将汇总的金额，分行登记就行，不仅可以防止记错行与栏，而且可以大大简化记账工作和日后查账、对账、审计工作。

（2）轻而易举地编出各种报表，特别是现金流量表，又大大简化了报账工作。

（3）将"资金运动总账"复印一份，作为全面反映动态与静态的总报表，提供全面系统的价值与使用价值矛盾信息，既便于各期对比分析，又弥补了传统报表体系的缺陷。

（4）便于电算化。

（5）会计人员从繁琐的"记账、算账、报账"事务工作中彻底解放出来，就能将全部精力放在如何正确处理价值与使用价值矛盾上，成为千千万万个"诸葛亮"，辅助总经理，办好企业。

（6）这就充分说明，整个"会计对象"动态与静态的特征，是设计"资金运动总账"的逻辑起点。

下篇　资金运动会计理论的两个源头

第六章 马克思劳动价值论辨析
——资金运动会计理论的第一源头

必须澄清我国 1956—1958 年有些人对价值、价值规律、剩余价值的一些错误观念,才能为"资金运动会计理论"引来第一股活水。

人跟动物不同,人能创造生产工具。生产工具越先进,就能"用尽量少的价值创造出尽量多的使用价值"。

具体劳动创造"使用价值";抽象劳动创造"价值"是永恒范畴。价值与使用价值矛盾,是人类社会发展一对极为重要的矛盾。

价值规律,是千千万万生产同一产品(同一使用价值)的企业,其个别劳动时间,不以人们意志为转移地转化为社会平均劳动时间,去交换其使用价值的规律,是永恒的范畴。当将销售成本(c+v 个别价值)与销售收入(c+v+m 社会平均价值)配比倒算出的"利润 m"中,就"吞吐"了再生产过程各个环节的"创新劳动剩余价值"或"损失"。上等企业获得社会平均利润与超额利润;中等企业获得社会平均利润;下等企业少于社会平均利润,甚至亏本。

价格规律,是由于市场供求的变化,价格围绕价值上下波动的规律是一个历史范畴。

要正确运用这两个规律,多创剩余价值。

剩余价值≠罪恶,是社会发展的里程碑。

会计是从价值角度综合核算和控制各种使用价值再生产的科学。要在市场竞争中正确运用价值规律与价格规律，多创"剩余价值"。

第一节 价值是永恒范畴，交换价值是历史范畴

——会计是从价值角度综合核算和控制各种使用价值再生产的科学

1956 年，孙冶方同志发表《把计划和统计放在价值规律上》一文，是非常正确的，对发展国民经济有着极为重要的指导意义。但在当时却遭到批评，引起了价值与价值规律是否属于历史范畴的讨论；1980 年后，进一步讨论抽象劳动是否属于历史范畴；1984 年以后，再进一步讨论具体劳动与使用价值是否属于历史范畴，讨论一般劳动与劳动一般的区别、抽象劳动与劳动抽象性的区别、具体劳动与劳动具体性的区别等。越说越玄，陷入泥潭越深。

为了明辨是非，本人曾著《政治经济若干问题的探讨》一文（中南财经大学学报，1994 年第 2 期），拟从下列几方面谈点个人的看法。

一、从内涵与外延来考察

从价值的内涵来看，即从价值实体来看，价值是凝结在劳动产品中的一般的无差别的人类劳动。反过来说，只要是社会承认的劳动产品就有价值，是与人类社会共始终的永恒范畴。

人类要生存、要发展，就要"用尽量少的价值创造出尽量多的使用价值，换句话说，就是在尽量少的劳动时间里创造出丰富的物质财富"（李嘉图语）。因此，不论在什么社会形态中，价值与使用价值的矛盾，始终是人们关注的问题，也是永恒的范畴。

至于价值的外延，即价值的形式，则是随着社会的发展而发展的。在商品经济条件下，表现为"交换价值"形式，即从一种公认的特殊的商品(例如布、金或银等)与另一种商品交换的数量比例，曲折迂回地显示隐藏在商品后面的价值(无差别的人类劳动时间)，这当然是一个历史范畴，随着商品的产生而产生，也随着商品的消亡而消亡。到了共产主义社会，则直接采用"劳动小时价值"形式，恢复了价值的本来面貌。

二、从共性与个性来分析

商品既然是存在于人类社会的一定历史阶段的东西，那么，商品就必须既具有整个人类社会共性的一面，又具有某一历史阶段个性的一面。

这就是说，商品经济所使用的诸范畴，有的应是一切人类社会共有的范畴(共性)，如价值、使用价值、具体劳动、抽象劳动等，它们是永恒的范畴；有的则是商品经济所特有的范畴(个性)，如商品、交换、交换价值等，它们都是历史范畴。

如果商品经济所应用的诸范畴，没有人类社会所共有(共性)的一面，商品就将成为脱离人类社会的怪物，是不可思议的。

因此，不分青红皂白，把商品经济所使用的一切范畴均视为历史范畴，将是极大的谬误。

马克思在剖析商品这一细胞时，首先是从劳动二重性阐明具体劳动创造使用价值，抽象劳动创造价值；然后通过商品交换，按一种商品与另一种商品交换的量的比例来揭示隐藏在商品后面的价值。因此，商品、交换、交换价值等，诚然是历史范畴；然而，脱掉商品外衣，剩下来的劳动产品、劳动二重性(抽象劳动与具体劳动)、价值与使用价值等，都是人类社会共有的永恒范畴。劳动价值学说是人类社会的普遍真理。

三、马克思没说价值是历史范畴

坚持价值是历史范畴者常常引用马克思如下的一段话"这样一来，他就会发现，商品的'价值'只是以历史上发展的形式表现出那种在其他一切历史社会内也存在的，虽然是以另一种形式存在的东西，这就是作为社会劳动力的消耗而存在的劳动的社会性。"这就是他们的论断根据。

然而对于马克思主义经典著作的引证，最忌断章取义。在这段话之前，马克思批评洛贝尔图斯"把'价值'……只是理解为它的表现形式，即交换价值，但是由于后者只是在那样的地方才出现，在那里至少有一部分劳动产品即使用对象成为'商品'，而这并不是一开始就发生的，而只是在社会发展的一定时期，即在历史发展的一定阶段才发生的，所以交换价值是一个'历史的'概念。如果洛贝尔图斯……进一步分析商品的交换价值……那么他就会在这个表现形式的背后发现'价值'①。如果他再进一步研究价值，那么他就会发现，在这里，物'使用价值'，只是当做人类劳动的物化，当做相同的人类劳动力的消耗，因而这个内容表现为物的对象性质，表现为物本身固有的性质，虽然这种对象性不表现在其自然形式上。"

马克思在这里分明是说，不能把"价值"仅仅理解为它的表现形式——交换价值，交换价值只是在某一历史阶段才发生的，是一个历史范畴；要透过交换价值形式看到其背后隐藏的价值，价值是无差别的、一般人类劳动的物化、对象化，是物（劳动产品）本身固有的。在这里，马克思虽然没有明确指出价值是永恒范畴，但这种思想是很明显的、强烈的。

---

① 《马克思恩格斯全集》，人民出版社 1963 年版，第 19 卷，第 420 页。

在区分了价值与交换价值之后，马克思紧接着写了前面大家引证的那段话。那段话也分明是说"商品的'价值'只是以历史上发展的形式"，即"交换价值"形式，"表现出那种在其他一切历史社会内也存在的、虽然是以另一种形式存在的东西"。例如在共产主义社会是以"劳动小时价值"形式而存在。这明明是说"价值"在其他一切历史社会也存在，怎么能证明"价值"是历史范畴。

在那段话之后，马克思还批评洛贝尔图斯"不研究或不了解价值实体本身；例如，他不了解原始公社这个相互联系的劳动力的共同机体中（劳动过程）的'共同'性，因而也不了解这些劳动力的劳动即劳动力的消耗的'共同'性。"这段话是要说明，无差别的一般人类劳动，是一切人类社会普遍存在的东西（共性）。这进一步论证了价值是永恒范畴。

仔细分析马克思这一大段话的前后文，我们可以得到一个明确的结论："价值"（价值实体）是永恒范畴，只有"交换价值"（价值形式）才是历史范畴。

四、马克思强调共产主义社会仍有价值范畴

马克思说："即使交换价值消灭了，劳动时间也始终是财富的创造实体和生产财富所需要的费用的尺度。"[①]这就是说，到了共产主义社会，价值（价值实体）将采取另一种形式而存在。即以"劳动小时价值"形式而存在，仍然是生产财富所需的费用尺度。也就是说，到了共产主义社会，不再采用迂回的"交换价值"形式，而可直接采用"劳动小时价值"形式。价值形式虽然改变了，价值实体依然存在，价值是永恒的范畴，是一切社会的基础。

---

① 《马克思恩格斯全集》，人民出版社 1974 年版，第 26 卷，第 282 页。

五、对恩格斯的话也不能断章取义

恩格斯诚然说过"社会一旦占有生产资料……人们可以非常简单地处理这一切，而不需要著名的'价值'插手其间。"[①]这似乎是说，到了共产主义社会，"价值"就消亡了。

但是，细看上述省略号那一段话"到那时，由于产品中包含的劳动量，社会可以直接地和绝对地知道，它就不会想到还继续用相对的、动摇不定的、不充分的、以前出于无奈而不得不采用的尺度来表现这些劳动量，就是说，用第二种产品，而不是用它们的自然的、相当的、绝对的尺度——时间，来表现这些劳动量。"

这段话明明是说，在商品经济条件下只能采用曲折迂回的"交换价值"形式，而将来的共产主义社会则直截了当地采用"劳动小时价值"形式，"可以非常简单地处理这一切"，因此接着说的"而不需要著名的'价值'插手其间"的"价值"，自然是指"交换价值"而言。

由于在那时没有明确区别"价值"（价值实体）与"交换价值"（价值形式），恩格斯为了避免误会，又对"不需要著名的'价值'插手其间"一句中的"价值"作了一个注："在决定生产问题时，上述的对效用和劳动花费的衡量，正是政治经济学的价值概念在共产主义社会中所能余留的全部东西。"

这个注，是指"价值实体"而言。即是说，到了共产主义社会，交换价值（价值形式）消亡了，而价值（价值实体）仍然存在（对恩格斯在其他地方所用"价值"一词，都要细看全文，究竟是指"价值实体"而言，还是指"价值形式"而言，才能把握恩格斯的原意）。

有的同志说"余留"就是"残余"，不能算真正的"价值"。

---

① 《马克思恩格斯全集》，人民出版社1971年版，第20卷，第334页。

"余留"不等于"残余",是说脱下"交换价值"外衣,留下"价值"真面貌。恩格斯还有一句话"而在私有制消灭后,就无需再谈现在这样的交换了。到那个时候,价值这个概念实际上就愈来愈只用于解决生产的问题,而这也是它真正的活动范围。"①既然是"真正的活动范围",当然是真正的"价值"而不是什么"残余"了。这就是说,"价值"观念的产生,不在于交换,而在于生产,在于用尽量少的价值(劳动时间)生产尽量多的使用价值(产品)。

恩格斯也说过"关于价值的概念……我首先从历史上给予限定……即存在有商品交换,相应地也存在有商品生产的那些社会形态。原始共产主义不知道什么价值。"②

能否根据这句话判定价值是历史范畴呢? 也不能。

(1)他这里谈的是"交换价值"而不是"价值"。因为前面已经谈到,他认为将来的共产主义社会,仍有"价值""真正的活动范围",而那时已不存在商品交换。

(2)恩格斯是否只同意把价值概念延伸到将来的共产主义社会,而不同意追溯到原始共产主义社会呢? 否:"原始共产主义不知道什么价值"不等于"不存在价值"。前面已经提到马克思曾批评洛贝尔图斯"不了解原始公社这个相互联系的劳动力的共同机体中……的'共同'性;马克思在另一处还说"任何生产者……他的产品只有在一定的社会联系中才成为价值……"③原始公社任何生产者的产品也是在一定的社会联系中,因此也成为"价值",只是在那时人们还不知道运用这一概念而已。

---

①　《马克思恩格斯全集》,人民出版社 1956 年版,第 1 卷,第 605 页。
②　《马克思恩格斯全集》,人民出版社 1974 年版,第 39 卷,第 404 页。
③　《马克思恩格斯全集》,人民出版社 1974 年版,第 25 卷,第 719—720 页。

六、价值与使用价值矛盾是社会发展极为重要的矛盾

在论证价值不是历史范畴而是永恒范畴之后,还要明确指出,价值与使用价值的矛盾是社会发展极为重要的矛盾。

英国古典经济学家李嘉图早就说过,"真正的财富在于用尽量少的价值创造出尽量多的使用价值。换句话说,就是在尽量少的劳动时间里创造出丰富的物质财富。"马克思非常同意这一观点,将其写入《剩余价值理论》一书。① 这就是说,要正确处理价值与使用价值的矛盾。

怎样正确处理价值与使用价值的矛盾? 要用发展科学技术、加强管理、提高职工素质、完善生产关系的办法,以达到"在尽量少的劳动时间里创造出丰富的物质财富"的目的。

我国有句古话:"不患寡,而患不均"。用现代眼光来看,应改为"先患寡,然后患不均"。就是说,首先是发展生产力,以解决"寡"的问题;然后才是不断完善生产关系,以解决"不均"的问题。这是因为,生产力决定生产关系,生产关系反作用生产力。

生产力与生产关系的矛盾,是社会发展的基本矛盾,矛盾的主要方面是生产力。对我国来说,不加快发展生产力,社会主义制度的优越性就显示不出来,所以党的十三次全国代表大会明确指出"要把发展生产力作为全部工作的中心"。而要发展生产力,就要正确处理价值与使用价值矛盾。由此可知,价值与使用价值矛盾,是社会发展极为重要的矛盾。

七、会计是从价值角度综合核算和控制各种使用价值的再生产

论证了仅仅"交换价值"(价值形式)是历史范畴,而"价值"(价值实

---

① 《马克思、恩格斯全集》,人民出版社 1974 年版,第 26 卷Ⅲ,第 281 页。

体)是永恒范畴,并且强烈指出价值与使用价值这对矛盾,是社会发展极为重要的矛盾之后,就可提出新的会计定义如下:

会计是从"价值"角度综合核算和控制各种"使用价值"再生产的科学,是正确处理价值与使用价值矛盾的科学,是运筹帷幄、决胜千里的战略科学。在当前,是以货币计价形式迂回曲折地综合核算与控制各种使用价值的再生产。到了共产主义社会,直接以"劳动小时价值"形式,综合核算各种使用价值的再生产。就是说,不论在当前,还是在共产主义社会,都要以再生产过程中价值与使用价值不断对立、不断统一而形成的矛盾运动为对象,创立"价值与使用价值矛盾论——资金运动论"复式记账原理,即每当某一使用价值的价值统一于另一使用价值而形成一项相对静止的"资金运动"时,才将其"价值"从某一使用价值账户贷方转入另一使用价值账户借方,再结合明细账中所记"有形或无形使用价值的数量与质量"记录,就可考察是否所费价值少而所得使用价值多或优;同时还要创立"资金运动总账"(在共产主义社会可称"价值与使用价值矛盾运动总账"),以便在一张账页上全面系统地反映某企业某月份的资金运动概况,复印一份作为动态与静态总报表。这样的会计将对社会的发展发挥更大的作用。

第二节　价值规律与价格规律的区分
——革新成本会计学与管理会计学

一、原定义的缺陷

价值规律通常表述为"商品的价值量由生产商品的社会必要劳动时间决定,商品按照价值量进行交换。"或者,再加一条"价值规律是通过价格围绕价值自发的上下波动而发生作用。"这样说明价值规律的缺陷：

第一，列举不全，只提"社会必要劳动时间"，未提"个别劳动时间"这个基础。

第二，更大的缺陷是，没有将价值规律的实质刻画出来，即没有强调价值规律是迫使人们节约个别劳动时间的规律。

二、价值规律是节约劳动时间提高产品质量的规律

要明确指出：价值规律是千千万万"生产"同一产品（同一使用价值）的企业，其个别劳动时间不以人们意志为转移而转化为社会平均劳动时间，去交换其使用价值的规律。实际上，它是生产与销售过程中两对"价值与使用价值矛盾"的综合，即生产过程中所费总成本（$c+v$ 个别价值）与所得产量（使用价值）矛盾，和销售过程中产品质量（使用价值）与销售单价（$c+v+m$ 社会平均价值）矛盾的综合。因此，当我们将销售收入（$c+v+m$ 社会平均价值）与销售成本（$c+v$ 个别价值）相"配比"，而倒算出原来在生产过程中剩余劳动创造的，而在"等价值交换"的销售过程实现的利润中，就会"吞吐"个别劳动低于或高于社会平均劳动的差额，以及产品质量高低而产生的收入差异。

这就是说，个别劳动高的企业，当其产品仍为社会需要时（即参加计算社会平均劳动时）则有一部分 m，甚至一部分 v，不在本企业实现，而在个别劳动低的企业，以多于其自身创造的利润形式出现。就是说，中等企业获得社会平均利润；个别劳动高的企业获得少于社会平均利润的利润，甚至发生亏损；个别劳动低的企业获得多于社会平均利润的利润（详见第五章图 5-1）。

由此可知，价值规律是迫使人们节约个别劳动时间（个别价值），并将节约下来的劳动时间生产更多的产品（使用价值）的规律或提高产品质量的规律；是迫使人们正确处理价值与使用价值矛盾的规律；是迫使

人们发展科学技术走内涵,扩大再生产道路的规律。

遗憾的是,价值规律这一作用尚未被人们充分认识和重视。

三、不可把价格规律与价值规律混为一谈

我们除了要正确认识价值规律外,还要正确认识客观存在的"价格规律"。价格规律是在商品经济条件下由于供求关系,商品价格围绕价值上下波动的规律。它与价值规律既有联系,又有区别,切不可混为一谈。

由于价格规律的作用,倒算出的利润中还会"吞吐"价格高于或低于价值的差额。即价格低于价值的企业所余下的一部分价值,在价格高于价值的企业以高于社会平均利润的形式实现。

价格规律调节着人们的生产,但弄不好也可能导致经济危机,因此,要逐步让位于有计划按比例发展规律。这就是说,价格规律是一个历史范畴。

四、价值规律是永恒的

在商品经济条件下,是用货币计价形式,核算生产过程所费 c,v 个别劳动,而在销售过程则按 c,v,m 社会平均劳动核算销售收入。那么,其倒算出的原在生产过程创造的而在"等价交换"的销售过程实现的 m 中,必然"吞吐"个别劳动小于或大于社会平均劳动的差额,可用来评价企业业绩;然后按社会平均劳动核算商品的分配与消费。这就是用货币计价形式来核算"再生产过程"的价值规律。

到了共产主义社会,体力劳动与脑力劳动差别消灭了,简单劳动与复杂劳动差别消灭了,交换环节消灭了,货币消灭了,人们完全可以直接用"劳动小时价值"形式,核算"投入的个别劳动时间";再按社会平均劳动时间核算产出,借以评价企业业绩,仍然是迫使人们发展科学技术

提高生产力的重要规律。

这就充分说明了，价值规律是与人类共始终的规律，只是表现形式不同而已。

五、运用价值规律创造更多剩余价值

马克思说："节省时间以及在各个生产部门中有计划地分配劳动时间，就成了以集体生产为基础的首要的经济规律。这甚至是极其高级的规律。"①

不要一谈到价值规律作用，就只看到价格波动的作用，而无视节约劳动时间或提高产品质量的作用。

今天，我们要充分运用价值规律，从价值与使用价值矛盾信息中进行预测、控制与决策，促使人们不断创造新的科学技术和新的管理方法，不断提高职工素质。生产力提高了，就能节约产品中的 c，v 个别劳动，并将节约下来的 c，v 生产更多的产品，而价值规律决定产品仍按 c，v，m 社会平均劳动制订的价格出售，这时，除了实现社会平均利润（社会平均的剩余价值）外，还会实现更多的利润（更多的剩余价值），即超额利润。

六、革新成本会计学与管理会计学

价值规律既然是千千万万生产同一产品（同一使用价值）的企业，其个别劳动时间不以人们意志为转移而转化为社会平均劳动时间，去交换其使用价值的规律，是迫使人们努力创新科学技术与管理方法，不断提高生产力，节约 c＋v 个别劳动时间或提高产品质量，创造更多剩余价值（m）的规律；那么，为了按价值规律办事，首先要革新成本计算

---

① 《马克思、恩格斯、列宁、斯大林论共产主义社会》，人民出版社 1958 年版，第 67 页。

原理,创立成本计算对象"时空观"、成本项目"经济用途观"、汇集费用"划清界限观",然后建立成本与收入两方面的产前、产中有机结合的正确处理价值与使用价值矛盾的战略控制体系,以克服标准成本会计(定额法)与产前成本控制脱节的缺陷,同时也克服未进行销售收入产前、产中控制的缺陷。

第三节　正确认识剩余价值
——实行"利润分块责任制"

一、剩余价值≠罪恶

我国曾经有人把"剩余价值"和罪恶联系在一起,认为在社会主义社会,要用"价值剩余"或"社会主义 m"等名词替代它。这种避讳完全没有必要。

马克思说:"一般剩余劳动,作为超过一定需求量的劳动,必须始终存在。"[1]恩格斯更进一步说:"劳动产品超出维持劳动的费用而形成的剩余……过去和现在都是一切社会的、政治的和智力的继续发展的基础。"[2]

因为从整个社会再生产来看,物质生产部门所生产的产品,不能分光吃光,必须有剩余产品(剩余价值),才可能有越来越多的人离开生产岗位,去从事行政、文教、科研、卫生、国防等工作;而这些工作搞得好,又能促使企业大大地发展科学技术提高生产力,又创造更多的剩余价值。如此循环往复,社会发展就有了物质基础,社会就越来越进步。由此可知,剩余价值是社会进步的一颗明星,要正确认识它。

---

[1]　《马克思恩格斯全集》,人民出版社 1974 年版,第 25 卷,第 925 页。
[2]　《马克思恩格斯全集》,人民出版社 1971 年版,第 20 卷,第 211 页。

二、按劳分配与按资分配并存

马克思在《哥达纲领批判》中明确指出"劳动不是一切财富的源泉",只有和生产资料结合"他的劳动才成为使用价值的源泉",不能实行"不折不扣的劳动所得"。[①]

由于劳动者(人力资源)必须与先进的生产资料(物力资源)相结合,才能创造出丰富的物质财富,才能有越来越多的剩余价值,而购买生产资料必须先有资本,那么,按劳分配与按资分配并存,是理所当然的。

问题在于你的"资"是从哪里来的。如果是掠夺而来,则按资分配也是掠夺;如果是自己劳动积累或全民劳动积累,则按资分配是天经地义的。因此,不能简单地说,在资本主义社会实行按资分配,在社会主义社会实行按劳分配。

三、实行利润分块责任制,开创人才资源价值会计

既然"剩余价值≠罪恶",那么应当怎样分配利润?应首先交纳所得税,以保证国家财政收入,从而保证行政、文教、科研、卫生、国防等部门的经费;然后实行"利润分块责任制"新经济体制。

具体来说,就是对已实现的社会平均利润按较高所得税率纳税后,全部按资分配,以保证物力资本所有者的最低收益;超额利润按较低所得税率纳税后,小部按资分红,大部留成论功行赏,发奖金,奖励功臣,以保证先进职工(优秀人才)除按月领工资外,还有额外的报酬。这样"两步按资分配(社会平均利润＋红利)",物力资本所有者的收益越来越多(如为国有企业,则国家财政收入越来越多);而这样的"两步按劳

---

① 《马克思恩格斯全集》,人民出版社 1963 年版,第 19 卷,第 15—23 页。

分配(工资＋论功行赏的奖金)"，则优秀人才(先进职工)的报酬越来越丰厚，又能调动全员发展科学技术的积极性，创造更多超额利润，这正是切实可行的人才资源价值会计，较之当前国际流行的"预测人力资本价值授予股票期权法"科学得多(详见第六章)。

小　　结

经过考证，澄清我国 20 世纪 60～80 年代有些人对价值、价值规律、剩余价值的一些错误观念后，就可以严格地按马克思的劳动价值学说，创立"资金运动会计理论"，其要点如下：

(1) 价值是凝结在劳动产品中的一般的无差别的人类劳动，是与人类社会共始终的永恒范畴，而且价值与使用价值矛盾(即如何用尽量少的价值创造出尽量多的使用价值问题)是人类社会发展的一对极为重要的矛盾。在商品经济中，出于无奈，只好用相对的、动摇不定的第三种产品(如金币、银币、纸币的"元")来计量商品的价值，称为"交换价值"，它诚然是历史范畴，但不能把"价值"也视为历史范畴，因为共产主义社会将直接采用"劳动小时价值"形式，体现"价值"的本来面貌，就说明"价值"是永恒范畴。

论证了"价值"是永恒范畴之后，就可提出"会计是从价值角度综合核算和预测控制各种使用价值再生产的科学"，这一新定义可以一直管到共产主义社会。从而创立"价值与使用价值矛盾论——资金运动论"复式记账原理和"资金运动总账"(或称"价值与使用价值矛盾运动总账")，提供翔实的价值与使用价值矛盾信息。

(2) 在当前，价值规律是千千万万生产同一产品(同一使用价值)的企业，其个别劳动时间(c＋v 个别价值)，不以人们意志为转移而转化社会平均劳动时间(c＋v＋m 社会平均价值)去交换其使用价值的规律。

个别劳动时间高者发生亏损,个别劳动时间低者获得超额利润,这是迫使人们节约个别劳动时间或提高产品质量的规律。到了共产主义社会,价值规律是直接计算各企业各自产品的个别劳动时间,然后按社会平均劳动时间去分配和消费其使用价值的规律,以便考察各自的业绩,仍然是迫使人们节约个别劳动时间或提高产品质量的规律。由此可知,价值规律也是永恒范畴。至于价格规律,则是由于商品供求关系,商品的价格(交换价值)围绕价值上下波动的规律,它将逐步让位于有计划按比例发展规律,是历史范畴。千万不可把价值规律与价格规律混为一谈,一律视为历史范畴。

为了充分发挥价值规律迫使人们节约个别劳动时间或提高产品质量的作用,即为了正确处理生产过程中所费总成本(c+v 个别价值)与所得产量(使用价值)矛盾,和销售过程中产品质量(使用价值)与销售单价(c+v+m 社会平均价值)矛盾,除了要革新成本计算原理外,还要建立成本与收入两方面的产前、产中控制体系。

(3)"剩余价值≠罪恶"。在我们社会主义国家,各企业是在国家行政、文教、科研、卫生、国防等部门的精诚协作下,劳动者(人力资源)运用先进生产资料(物力资源)而创造出更多的剩余价值。所以先要交纳所得税,以保证国家财政收入,从而保证有关部门的经费;又由于购置生产资料,须垫付资金,所以按资分配与按劳分配并存是天经地义的。具体来说,税后社会平均利润,全部按资分配,以保证物力资源所有者的最低收益;税后超额利润,小部按资分红,大部留成论功行赏,发奖金。这样"两步按资分配(社会平均利润+红利)",物力资源所有者的收入就越来越多(如为国有企业,则国家财政收入越来越多);"两步按劳分配(工资+论功行赏的奖金)",则先进职工(优秀人才)的报酬越来越丰厚,又能调动职工积极性,努力发展科学技术,这就是切实可行的"人才资源价值会计"。

第七章　贷借会计学说发展史[①]

——资金运动会计理论的第二源头

只有懂得历史，才能在前人足迹上奋勇前进，开创新局面。

借贷记账法与借贷原理是既有联系又有区别的两个问题，不可混为一谈。

借贷记账法是 13 世纪至 15 世纪，经过人们长期实践而创造出来的一种科学的复式记账方法，它能全面地、系统地反映每一经济业务矛盾对立统一的两个方面。它自创以来几乎没有变动。

借贷原理（解释借贷记账法的理论）则随着经济的发展和人们认识的不断深化而不断完善。根据历史记录，借贷原理曾经变更多次，最早是各种"拟人学说"；迄至 19 世纪末叶，欧美出现各种"静态论"（物的二科目说，贷借对照表说、八要素说、等式说等）；稍后又兴起各种"动态论"（资本循环说、现实理论说、动态二科目说等），可惜仅昙花一现，随即涅灭无闻。而"等式说"却捷足先登传遍全世界，哀哉！

在这种情况下，我们要防止两种偏向：一种偏向是由于"等式说"借

---

① 本章是根据陆善炽的《复式簿记源流考》（《会计杂志》1934 年 1 月第 3 卷第 1 期）和《论借贷学说与收付理论》（《会计杂志》1934 年 7 月第 4 卷第 1 期）、郑延植的《近代西儒之借贷学说》（《立信会计月刊》1942 年第 2 卷第 1 期）、李觉鸣的《理论簿记学》（重庆 1944 年出版）和《簿记理论产生之由来》（《立信会计月刊》1948 年第 12 卷第 6 期）等文献整理的。

贷原理晦涩难懂,而否定科学的借贷记账法,企图另找其他记账方法(如收付记账法、增减记账法等)替代它;另一种偏向则由于借贷记账法是科学的,而把各种"静态论",特别是"等式说"借贷原理,也视为"万古不变的真理"。

我们要以马列主义政治经济学和哲学为指导,扬弃"等式说",吸取德国巴比"资本循环说"的合理核心,创立"资金运动论——价值与使用价值矛盾论"贷借原理。

第一节 借贷记账法的创立

一、佛罗伦萨城贷金业首创"由贷主到借主"记账法

13世纪时,地中海北岸佛罗伦萨(Florence)城贷金业者们首创"由贷主到借主"记账法。

德国经济史学者谢佛耿(Siereking)在威尼斯公文库内首先发现佛罗伦萨贷金业的账簿而报道于会计学界。这本账簿还是1211年的遗物簿中每一位客户均预留上下两记账地位,上记"nodi dare",下记"di avere"。

"di avere"有"他信托"的意思,表示这个客户处于付款人的地位,是债权人,即"贷主";"nodi dare"有"他欠"的意思,表示这个客户处于收款人的地位,是债务人,即"借主"。

例如,某年3月5日,由贷金业居中介绍利特向约逊借款1 000元,约于同年9月10日还款。这时,贷金业者应记入约逊账户贷方,表示约逊为"贷主";同时,记入利特账户借方,表示利特为"借主"。

同年9月10日,利特归还约逊款项,贷金业者应记入利特账户贷方;同时,记入约逊账户借方,表示双方地位交换,而结清债权。如图7-1所示。

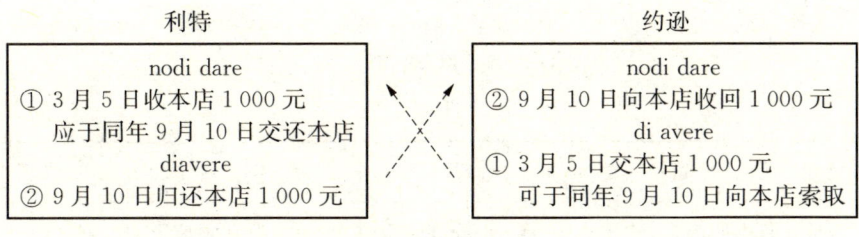

图 7-1 借贷记账法

要强调指出,在贷金业者的账簿中,是先有"贷主"的记录,后有"借主"的记录。不是"先借后贷"。

这种记账方法,其所以纯粹站在顾客的立场,以定贷主(债权人)借主(债务人)的道理,在于当时的贷金业者是作为贷款人(贷主)借款人(借主)的中间介绍人,他居中划账,以收取手续费。

二、商品账户的出现——吉诺亚式簿记法

后来,意大利各城市的商人也采用了上述记账法。

在这时,客观记账法虽然相沿未动,但是,也有下述变化和发展:

(1)增设商品账户,例如,1297 年佛罗伦萨城利纳洛报多菲尼商店(Rinieroet Baldo Fini)所用的总账,其中除人名账户外,还有被服、鞋帽、杂货等账户。

(2)由原始的"叙述式记账法"改为"符号数码简明记账法"以便查对和结账。

(3)由于"上借下贷"式账簿,在交易频繁时不知预留多少空白,方才够用,因而改为"左借右贷"式,以便分别记账;也便于加总和结账。例如,1340 年吉诺亚(Genoa)市政厅的账簿,就是左右分列式,凡关于债权(或债务)的发生及清算,都记在同一账户的左右两方,互为对照,所以当结出余额时,借贷两方就可平衡。其格式如表 7-1 所示。

表 7 - 1

账 户 名 称

借方				利特		贷方
日期	摘　　要	金额	日期	摘　　要		金额
3/5	向本店借款,约于 9/10 还	1 000	9/10	归还本店		1 000

三、复式簿记的完成——威尼斯式簿记

佛罗伦萨和吉诺亚商人增设商品账户时,只是为了记载商品出进的数量,以免遗忘,尚未根据商品账户计算损益。

根据商品账户计算损益,成功于威尼斯(Venice)商人。这一史实也是谢佛耿从威尼斯公文库中发现多纳多沙伦佐兄弟商店(Firma Dorado Soranzo and Gebruder)所用的两册账簿,一本是公元 1410—1416 年间所用的,一本是 1416—1434 年间所用的,谢氏称前者为旧账,后者为新账,旧账还是用吉诺亚式簿记法,商品账户还没有平衡;新账户中就添设损益及资本两账户了,所以商品账户已能和其他账户一样完全平衡。

同时,谢氏还发现巴鲁巴力古商店(Firma Barbarigo)所用的三册账簿,第一册是 1430—1440 年间所用的,第二册是 1441—1449 年间所用的,第三册是 1456—1482 年间所用的,其中第一、第二册都是巴鲁巴力古氏的亲笔,第三册就是巴氏儿子的笔迹了。在第一册账簿中,已将 1430—1433 年三个年度的损益账户结余数转入 1434 年度的损益账户,又将这损益账户的余额转入资本账户,再将资本账户的余额转入 1434 年度的余额账户,所以全部账户都相平衡而可以结束。这种余额账户

的出现,较多纳多沙伦佐商店的账簿又前进了一步,实际上就是资产负债表。但在第二册中,又不设余额账户,损益账户没有结平;第三册账簿则直到 1482 年方才决算,也是设有余额账户的。

至此,复式簿记可以说是初步完成。

为了使读者了解账户的具体运用,特将这些账户结转情形列示如图 7-2。

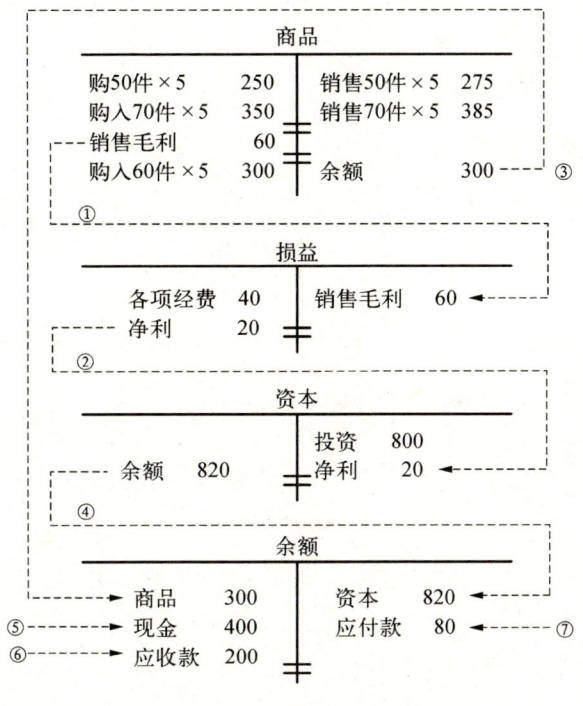

图 7-2　复记簿记

注:上图所画箭头,为账户结转方向,并非资本运动方向。

四、阐述复式簿记的第一本书——《计算与记录要论》

1494 年,威尼斯学者卢卡·帕乔利(Lucas Pacioli,也有写作 Luca Paciolo)著《算术几何及比例总览》(*Summa deri Athenetica*,

Geometria，Proprtiomal et Proportonalita）一书，其中第九编第十一论"计算与记录要论"（Particularir de Coputis et Scripturis)首次对威尼斯通行的簿记方法，作了综合的叙述，以介绍于世。

第二节　拟　人　学　说

一、拟人学说的创立

上述佛罗伦萨贷金业者，代客户转账的借贷记账法，本来是非常合乎事实的，但商人采用这种记账方法，出现商品、现金等物名账户后，再用债权债务来解释借贷法则，就感到困难了。

到了 17 世纪，经意、德诸国学者的阐扬，把人名账户记账的道理引申之、推广之，施于非人名账户，也即将非人名账户"人格化"，假定其为人，以定借贷。这就是"拟人学说"（Personification Theory）。

这种学说的代表学者为意人福鲁里（Ludovico Flori），在他的名著《双式账簿记载方法论》中写道："借贷两方所记的账目，应包括对人的项目与实物项目；而一切记账法则，都以人的立场去处理，例如，账簿中的现金科目，即认为有金钱保管人，故当收入现金时，应认为这项现款为保管人所借，所以记入现金科目的借方；反之，付出现金时，应视为前项现款的归还，故记入现金科目贷方。"

二、拟人学说的发展——直接说与间接说

后来，拟人学说又发展为"直接说"与"间接说"两个学派。

直接说认为各人所生的借贷关系，都是直接的，除当事者外，并无第三者参加。主张这种说法的以美国学者伍利曼（Ulimann）为代表。他说"今以现金购买商品为例，账簿上是借记商品与贷记现金，这并不

是说收入商品与付出现金，而是金库（现金科目）代商品科目付款的结果，故金库为债权人，商品科目为债务人。"

间接说则认为，除了当事者外，还有第三者参加。这种学说以英人笛克西（Dicksee）为代表，他说："在账簿上，常人每每忽略资主自身的作用，例如，某人付资主一定现款，常人以为受者非资主而为现金科目，实则现金科目，不过是代资主收受而成为资主的债务人。"照他这样说来，资主好像是个居中划账的人一样，可以作图 7-3。

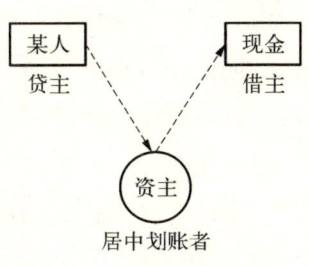

图 7-3　笛克西的间接说

笛克西以资主为中介，说明上述业务，但资主投资的这一会计事项将成为直接的关系，与其所主张的间接说不吻合。于是又有人主张以管理者充当第三者，以贯彻间接说的理论。例如，意大利人却勃尼（Giuneseppe Cerboni）著三记式簿记法中说，企业活动时至少须有四种人格者发生关系：一为资主，二为管理者，三为实物项目的代理人，四为顾主。簿记上所有账户都是为管理者以外的第三者而设，故其借贷法则可图示（见图 7-4、图 7-5）如下：

（1）某人付来现金若干，如图 7-4 所示。

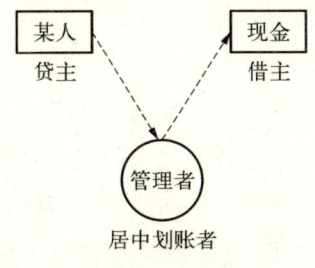

图 7-4　却勃尼的间接说（1）

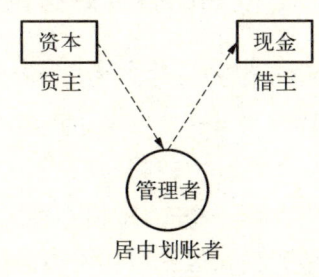

图 7-5　却勃尼的间接说（2）

（2）资主投资，如图 7-5 所示。

三、拟人学说是唯心的

"拟人学说"把"实物"账户"人格化",把物与物之间的变化视为人与人之间的债权债务关系,完全是虚构的,是唯心论。

正因为是唯心论,所以其"借贷法则"隐晦难懂。

第三节　静态论（平衡论）

上述"拟人学说"是 19 世纪以前封建社会的产物,其表现为唯心论,不足为奇。

到了 19 世纪末叶,20 世纪初期资产阶级起来革命后,当资产阶级正作为一个革命阶级时,资产阶级的一切科学都以唯物论的姿态与唯心论作斗争。但那时的资产阶级也不是彻底的革命阶级,因此他们的唯物论又往往是形而上学的。

会计学也不例外,一方面出现了一些唯物的"静态论"（Static Theory）借贷学说,与唯心的"拟人学说"作激烈的斗争,另一方面这些唯物的借贷学说却又是形而上学的。

一、欧洲的各种静态论

（一）物的二科目说

1887 年,瑞士人欧古里（F. Hugli）作《簿记体系与簿记形态》一书,首倡一种"物的二科目说",后三年又有德国学者谢尔（Schar）,把欧氏学说略为修正补充,提倡一种以"资本循环公式"为基础的二科目说。

他们最初以反对拟人说而构思,认为在资本主义制度下,人的关系不能代表一切,企业的经营,无非是物量的变动,即便是最后的纯财产（即"资本净值"）也不认为是企业对资主的一种负债,而视为积极财产

（即资产）与消极财产（即负债）的一种物质上的差数，而完全排除人的关系。

所以他们把账户分为财产记录与损益记录两个系统，前者包含积极财产与消极财产，即资产与负债；后者指纯财产而言，即资本与损益。这两个系统的账户成为对立的形势，互相均衡，前者在借方表示之，后者在贷方表示之，于是复式簿记的形式就形成了。

至于记账方法，则用代数上的资本方程式"资产－负债＝资本"以说明之，即等号的左边以借为主，所以凡属积极财产的增加，则借记之，减少则贷记之。等号的右边以贷为主，所以凡属资本增加则贷记之，减少则借记之。由于负债为财产的消极构成部分，所以凡属负债的增加等于积极财产的减少，应贷记之；负债的减少等于积极财产的增加，应借记之。同理，纯财产属于资本范围以贷为主，使纯财产增加的收益应贷记之，使纯财产减少的损失应借记之。

这种学说由欧氏开其端，谢氏集其成，而谢氏独到之处即依据马克思的"货币—商品—更多的货币"的公式，展开其簿记理论，他认为资本循环的结果，固然以货币始、货币终，然未转变为货币之先，是以各种资产的形态出现，如债权、票据、银行存款等；而企业的经营又是连续不断的，第一循环还没有完成的时候，第二循环已经开始，继续并存，所以在某一特定时间，任何企业的资产绝非纯为商品或货币，必兼有各种形式的资产，为了把握资本循环的各阶段，以表明所有财产的各种形态，就需依靠"会计"了，换句话说，新旧各资本循环非用会计加以统治不可，谢氏所谓"会计为把握资本循环的计算"的意思，即在于此。不过这里有一点应当注意，资本循环的观念有动的过程与静的形态。所谓动的过程，就是各种经营活动；所谓静的形态，就是与贷借对照表（资产负债表）的关系。谢氏所注意的是某一特定时间的经营财产，是就资本循环的静的方面而言，所以虽然提出资本循环的问题，但没有包括等价交换的销售过程，实际上还是静态学说。

(二) 物的一科目说

上述物的二科目说，以其对拟人学说而言，确实是别开生面。但是财固无所谓积极与消极。把负债视为消极财产，迹近玄虚；并且视资本为积极财产减消极财产的差额，更加玄妙；再者物的二科目说所应用的方程式，与贷借对照表(资产负债表)的形式不同。

因此，在1893年又有一位德国学者布列拿(M. Berliner)著《商业簿记的难关及其解决方法》一书，提倡一种"物的一科目说"。他主张簿记的全过程为营业财产的记载，即对于各种财产，以开始的贷借对照表为依据，在总账中分别设立账户，随后关于财产增减变化则在总账各户内加以记录，迄至期末又编一张贷借对照表。由于贷借对照表系由积极的与消极的两部分构成，所以会计科目也有积极与消极两大类，积极部分包括各种资产，消极部分包括各种负债与资本。为什么负债与资本同包括子消极部分呢？布氏认为个人私用财产应区别于企业营业财产，因此站在企业的立场而言，则资本也属于负债的性质，不过负债是对外的负债，而资本则为对内的负债而已。

同时，他以数学上的正号(即＋)表示积极部分，以负号(－)表示消极部分。至于积极部分的减少，则视同"负"的计算项目；消极部分的减少，则视同"正"的计算项目。所以科目虽分成两部分，但他们定下的借贷法则仍然是一元的，即无论任何账户，借记"正"的项目，贷记"负"的项目。

(三) 贷借对照表说

上述的一科目说，较二科目说不同之处有二：第一，以贷借对照表(资产负债表)为出发点，因此它的会计方程式与贷借对照表完全一致；

第二,视资产为贷借对照表的正面,为积极部分,视负债与资本为贷借对照表的反面,为消极部分,不像二科目说把负债与资本置于对立的地位。

但是,物的二科目说能解释损益账户的借贷原理,而一科目说,则无视损益账户的记载,这是缺点。所以德国人黎葛秀(Nicklisch)又提出"贷借对照表说"。

首先,黎氏认为布氏将资本也视同负债,这与资本主义的本质不符,而欧谢二氏谓资本即是资产减负债的差额,也太狭隘。因为企业所赖以活动的负债与资本都应理解为"资本",其中有自己赚出的资本,有向他人借入的资本。这种向他人借入的资本,就是债务。在资本运用的过程中,并不注意其为自己的资本或借入的资本,所以黎氏把原始资本与负债相合并,就成为企业的运用资本;而与这种资本相对立的就是一切实际财产。财产为企业具体的活动手段,资本为财产价值的名目计算,两者意义显然不同,而用于表示这两个不同系统的东西,就是贷借对照表。表的左方为总财产,即各种资产;表的右方为总资本,即自己资本与借入资本的总和。总财产与总资本的价值随时相等,所以贷借对照表的方程式如下:

总财产(即各种资产)＝总资本(即负债＋资本)

这种方程式,不特在开业时如此,即在企业进行中,也无时无刻不是这样的。因此所做的每笔记录,也不过表示继续贷借对照表的一个形态而已。从其最后结论看,完全与物的一科目说相仿,仅对于等式右边项目的解释不同而已。

他还认为,在发生收益的时候,必定是一方面财产增加,另一方面资本也增加;发生亏损的时候,则必为一方面财产减少,另一方面资本也减少,所以损益账户是资本系统的辅助科目。

（四）统一财产科目说

这种学说乃德国人汉麦西（Hanisch）所提倡,他于 1914 年发表论文想把各种复杂事实在同一原理下加以统一的说明,极力主张用一元的方法,说明借贷原理。这种学说的基础仍然是贷借对照表,但他认为贷借对照表内只有财产的表示,积极方面表明财产的形态,消极方面表示财产的由来,所以认定各科目的借贷有共性,即凡属借记科目,表示在这科目之下存有若干财产;凡属贷记科目,则表示上项借记科目所有财产现额的来源。至于损失科目的借记,则是间接表示财产部分的现额（但他对于损失科目之所以借记的理由解释得不透彻）。

（五）三科目说

德国人莱脑（H. Leitner）所提倡的"三科目说",可说与前述贷借对照表说无大差别,所不同的地方仅对于负债不视为资本性质这一点而已,而借贷法则也仍然与贷借对照表说一样。

此外,莱氏学说的特点在于特别注意损益的双重计算,计算损益的第一个方法是将期初资本与期末资本相比较,以求出纯损益额,这是在贷借对照表中进行的;第二个方法是将各损益科目相比,以求纯损益额,这是在损益表中进行的。这种注意损益双重计算的观点颇能给后来的动态学说以思想上的启示。

二、日本的"十要素说"

贷借对照表说传入日本后,则有岛中福一、吉田良三等氏加以融化,形成一种"八要素说"或"十要素说"。他们把会计事项分为有体事项（即有形价值物之间的交换）、权义事项（即债权债务的消长）和损益事项（即损失事项与收益事项的总括）,以表示财产增减的原因。其借贷关系可以如图 7 - 6 所示。

有体事项：	贷方	借方
	授有价物	受有价物
权义事项：{	减债权	生债权
	生债务	减债务
损益事项：{	生利益	生损失
	增资本	减资本

图 7-6　十要素说表解

三、美国的"等式说"

贷借对照表说传入美国后,则有哈特菲尔德(Hatfield)、派登(Paton)及凯斯特(Kester)等取其理论的精华,形成了一种"等式说"。

他们认为,企业为独立的经济实体,与业主的家庭财产应当分离,不宜混同。资产为企业所需的经济资料,这种资料必来自业主或债权人,所以财产为各种使用价值的价值形态,负债与资本则为资产的来源。其公式为:

$$资产的形态＝资产的来源$$

换句话说,资产为营业的工具,负债与资本为构成资产的渊源。在现代法律权义学说发达之下,凡财产所至,权义随之,故债权人与股东既然供给了营业工具,就有支配的权利。

派登主张负债与资本的概念不分,可统称为"产权",其公式为"资产＝产权"。资产与产权实为一物的两面,所以始终相等。企业利用资产,所发生的经济行为有三:第一,资产同值的交换;第二,产权同值的交换;第三,资产增引起产权同值增,或资产减引起产权同值减。其关系如图 7-7 所示。

凯斯特则将产权明确分为负

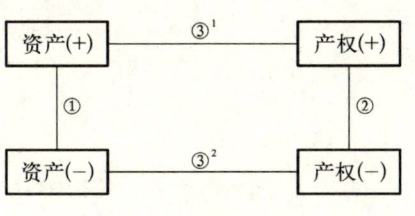

图 7-7　派登等式说

205

债与资本。认为自原始投资起,不论会计事项的形式如何,总可缩成下列的基本方程式:

$$资产＝负债＋资本$$

方程式中的负债可为零。凯斯特依据这方程式列一借贷方向的图,如图 7-8 所示。

借方	贷方
资产(＋)	资产(一)
负债(一)	负债(＋)
资本(一)	资本(＋)

图 7-8　凯斯特等式说

至于发生损益势必影响资本的数额,换句话说,收益使资本增值,损失使资本减值,资本总额就产生增减变化,所以可将上项方程式写成:

$$资产＝负债＋(资本＋收益－损失)$$

其借贷的记录如图 7-9 所示。

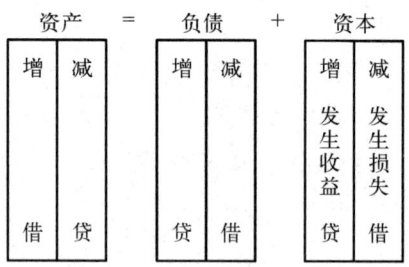

图 7-9　借贷记录

四、各种"静态论"(平衡论)都是形而上学

综上所述,由于各人对资产负债表中项目的认识不同,而形成不同

学派,但各种学派的共同点都是以静态报表(资产负债表)为出发点,成立方程式,而以代数正负法则定借贷,所以可统称为"静态论"(平衡论)。

静态论认定企业的各种会计事项,并非全部都是人与人之间的权债关系,而为一定物量的增减变化关系,因此坚决反对过去唯心的拟人学说,这确实使会计理论大大前进了一步。

静态论中关于每笔分录必须平衡,关于账户发生额及余额的试算平衡,关于贷借对照表(资产负债表)的编制等,都能反映资本(或资金)运动的相对静止的平衡状况,是其合理部分。

然而,静态论是"资产负债表—复式记账—资产负债表"理论体系,其错误有如下几点:

(1) 把静止、平衡绝对化,把平衡关系凌驾于一切之上,只从一笔业务的增减变化不破坏等式双方平衡的外部标志,套公式,呆记账,把账记平就万事大吉,而不看一笔业务增减变化的内在联系与矛盾转化,不看这笔业务与那笔业务的内在联系与矛盾转化。总之,不看资本流向,不看资本的来龙去脉,是用孤立的、静止的和片面的观点去看世界,如果说有变化,也只是数量的增减和场所的变更,是形而上学。

(2) 资产负债表(或恒等式)不反映经营过程,特别是销售过程,因此,从资产负债表出发建立起来的复式记账原理,是无法说明销售过程核算的;然而,静态论采取以偏概全的手法把资本循环"等价交换"过程的销售账户,说成是资产负债表右方"资本"的辅助项目,说什么销售成本应由资本家负担,等于资本的减少,所以记入销售账户的借方;销售收入应归资本家享受,等于资本的增加,所以记入销售账户的贷方。就把利润说成是在流通过程中贱买贵卖赚来的,掩盖了利润的真正来源。

第四节　动　态　论
——资金运动会计理论的第二个源头

一、资本循环说

"资本循环说"已在本书第一章第二节中详细介绍。德国会计学家巴比把企业营业资本的这种运动方式归纳为四种方式,即"向心运动"、"圆心循环运动"、"离心运动"和"圆周运动",从而形成了"资本循环说"。

巴比的"资本循环说"是新颖的"会计对象—复式记账—会计报表"理论体系,跟"等式说"的"资产负债表—复式记账—资产负债表"理论体系形成鲜明的对照。

二、现实理论说

此外,德国人史耿席(Sganzini)认为会计理论应注意企业经营在于营利这一现实问题,而提倡一种"现实理论说"。

他认为簿记有三大任务：一为对于各种财产及其流动性的分析与统制;二为对于纯损益的计算;三为对于纯财产的计算。第一个任务为会计的统制职能,第二、第三两个任务为会计的计算机能,因此复式簿记应有两个系统,即：一为统制科目系统,二为计算科目系统。

史氏为使这两个科目系统与企业营利的现实性结合起来,特引用马克思的"货币—商品—更多货币"公式为立论基础。他认为,企业的一切活动包括两种过程：一为货币到商品的过程,二为商品到更多货币的过程,会计上也用两个科目系统表示之,前一过程为货币系统,后一过程为商品系统。

货币系统科目专为统制货币及其他代替物的运用而设,所以又属于统制系统,商品系统科目专为损益计算而设,所以又属于计算系统。前者记载的领域为现金、票据及债券等项目反映自上期结转,经过中间变化,至本期结转的情况;后者记载的领域为自平时费用与收益的发生,而成为期末资本的一切变动过程及其结果。

史氏认为企业的活动无非交换行为,凡属交换行为必为广义货币的运动与收益费用的发生,所以一切企业活动构成统制系统下各账户与计算系统下各账户的记载内容。这时,史氏提出一元的借贷规则,"无论货币系统或商品系统的各账户,一律以借方表示收入,贷方表示付出;至于货币系统与商品系统账户的关系,则为相互对应的,即货币系统的付出必为商品系统的收入,商品系统的付出必为货币系统的收入"。如图 7-10 所示。

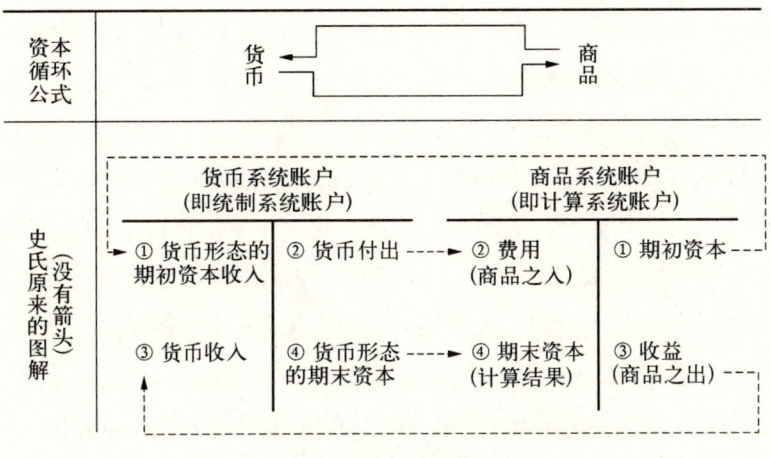

图 7-10 货币系统与商品系统账户的对应关系

三、动态二科目说

自史氏的学说发表后,以其见解新颖、理论奇特,一时附和者甚少。

十数年后方有韦勃(Walb)继承史氏的学说略加修正,于 1922—1926 年间先后发表论文,提倡动态二科目说。

　　韦氏认为会计的对象为企业的经营过程,这种经营过程无非是物质或劳务的提供,与货币或其代用品(信用)的支付,两者互相对流,完成所谓交易行为。对于这种对流的事实,如何用特殊的计算制度加以整理,就是会计的任务。所谓物质或劳务的提供,就是经济价值的提供,而供给的方式有二:一为企业受第三者的供给,是消极的供给,即费用,此外,还包括固定资产、有价证券等;二为企业供给第三者,是积极的供给,即收益。所谓货币或其代用物的支付,就是前项供给的一种反对给付,这种支付,有即时支付,即现金;有将来支付,即信用。

　　一切企业经营过程都是供给与支付的对应作用,即一方为供给,则他方必同时为支付。因此,会计上的科目可分为供给与支付两大系统。供给系统各账户的贷方,就是企业的积极供给,借方表示企业的消极供给;同时支付系统各账户的贷方表示对于消积供给的反对给付,借方表示对于积极供给的反对给付,故对于每一经济活动过程(即会计事项)必定是一借一贷同时发生。此外,还有支付系统之间的业务(如收回应收款),供给系统之间的业务(如领料、折旧、产品制成等),则是同一系统内某一账户的出,另一账户的入。

　　记账方法既如上所述,则企业经营的损益计算,韦氏认为可以同时从供给系统及支付系统内,双重计算之。而供给系统各户的归宿为损益表,支付系统各户的归宿为贷借对照表。

　　依据以上的说明,如图 7-11 所示。

　　俄国的沃尔夫、西维尔斯所提倡的交换理论也属于这一派。

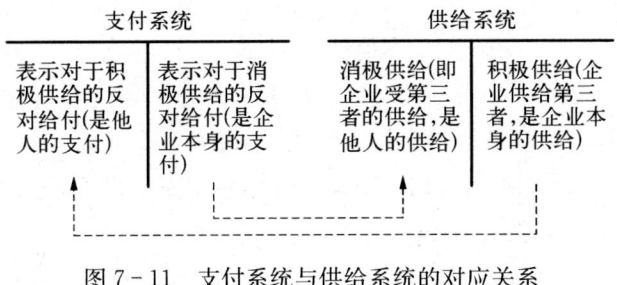

图 7 - 11　支付系统与供给系统的对应关系

四、动态论的评价

从资本运动的观点来说明借贷原理符合辩证法,是其合理核心;而且是"会计对象—复式记账—会计报表"理论体系较之静态论又大大前进了一步。

但巴氏的"资本循环说"把销售成本视为离心运动,把销售收入视为向心运动,认为利润是由于向心的销售收入大于离心的销售成本而来,就抽掉了等价交换过程,歪曲了利润来源(实际上,利润是创造于生产过程,而实现于"等价交换"的销售过程)。至于"现实理论学"与"动态二科目说"更加玄妙,更不可取。

五、创立"资金运动论"贷借原理

我们必须把"动态论"中巴比的"资本循环说"挖掘出来,吸取其合理核心,发展为"资金运动论——价值与使用价值矛盾论"贷借原理,精辟地说明账户设置原理与复式记账原理,特别是深入浅出地说明"利润是创造于生产过程,而实现于等价交换过程"的问题,才能进行合理分配,促使人们努力创新科技与管理方法,不断提高生产力,创造更多利润。

小　　结

综观 600 多年的借贷簿记学发展史,说明三个问题:

(1) 自 15 世纪威尼斯商人创立商业复式簿记以来,基本格局没有变动,这就充分说明借贷复式记账法是科学的。

(2) 至于借贷原理,则有一个认识过程,17～18 世纪的"拟人学说"是唯心的;19 世纪以来创立的"静态论"(物的二科目说、物的一科目说、贷借对照表说、八要素说、等式说……)是形而上学的,也不科学;稍后兴起的"动态论"(资本循环说、现实理论说、动态二科目说)较为科学,可惜昙花一现,随即湮灭无闻,鲜为人知,而"等式说"却传遍全世界。

(3) 我们要扬弃"等式说",吸取巴比"资本循环说"的合理核心,创立"资金运动论——价值与使用价值矛盾论"。

主要参考文献

［1］　陆善炽.复式簿记源流考.会计杂志,1934(3):1.

［2］　陆善炽.论借贷学说与收付理论.会计杂志,1934(4):1.

［3］　［日］太田哲三.会计学.唐文越译(或袁愈佺),1934.

［4］　李觉鸣著.理论簿记学.李辟会计师事务所,1944.

［5］　李觉鸣.簿记理论产生之由来,立信会计月刊,1948(12):6.

［6］　瞿荆洲.会计学大纲.中华学艺社,1931.

［7］　潘序伦.会计学.商务印书馆,1934.

［8］　［苏联］阿法纳西也夫.资产负债表结构原理.人民大学研究部编译室译,人民出版社,1951.

［9］　［苏联］马卡洛夫.会计核算原理.王立才译,中国人民大学出版社,1955.

［10］　［苏联］列子尼勤润.苏联簿记中凭证整理单日记账制.罗颖敏译,立信会计图书用品出版社,1953.

［11］　［美］利特尔顿.会计理论结构.林志军,黄世忠等译,中国商业出版社,1989.

［12］　［美］约翰逊·金屈莱,斐内-米勒.会计学原理.上海财经大学会计系《会计译丛》小组译,上海人民出版社,1989.

[13] 余绪缨.会计理论与现代管理会计研究.中国财政经济出版社,1989.

[14] 葛家澍.关于会计基本理论与方法.经济科学出版社,1988.

[15] 杨纪琬.社会主义会计理论建设.中国财政经济出版社,1988.

[16] 阎达五.会计管理结构——对中国会计管理建设的若干思考.北京出版社,1990.

[17] 娄尔行,王澹如,钱嘉福.资本主义企业财务会计.中国财政经济出版社,1984.

[18] 沈如琛选编.杨时展论文集.企业管理出版社,1977.

[19] 郭道扬.会计史纲.中央广播大学出版社,1984.

[20] 毛柏林,赵德武.中国会计管理模式研究.西南财经大学出版社,1990.

[21] 于玉林.现代会计方法学.立信会计出版社,1997.

[22] 胡文义.现代会计学.修订本.复旦大学出版社,1994.

[23] 李孝林,邓腾江,孙芳城,等.比较会计研究.西南财经大学出版,1995.

[24] 罗飞,唐国平.企业特种会计.湖南科学技术出版社,1994.

[25] 王光远,张龙平.现代财务会计结构.福建人民出版社,1992.

[26] 黄翊枢.资本短缺与对策——社会财务理论与实践.广东教育出版社,1994.

[27] 施先旺,聂玉华.动态企业会计核算——对传统会计的挑战.武汉测绘科技大学出版社,1995.

[29] 王平,张兆国,叶陈刚.会计哲学概论.云南科技出版社,1988.

[30] 易庭源.资金运动会计理论.湖北科学技术出版社,1990.

[31] 哥列赫,泰柯夫.工业会计核算教材.中国人民大学簿记核算教研室,译,机械工业出版社,1993.

[32] 阎金锷,贺南轩. 工业会计学. 中国人民大学出版社,1978.

[33] 徐政旦,石人瑾,林宝环. 工业会计学. 上海人民出版社,1988.

[34] 易庭源,刘坤盛. 工业会计学. 中国铁道出版社,1990.

[35] [美]查尔斯·T·霍恩格伦. 高级成本管理会计学. 上海财经大学会计学系《会计译丛》小组译,中国财经出版社,1986.

[36] [美]罗伯特·S·卡普兰. 高级管理会计. 钟伯江,刘志山,文光伟译,中国商业出版社,1989.

[37] 余绪缨,徐政旦,石人瑾,等. 现代管理会计学. 吉林人民出版社,1987.

[38] 李天明. 管理会计学. 中央广播电视大学出版社,1989.

[39] 瞿文莹. 现代成本会计学. 中国人民大学出版社,1989.

[40] 欧阳清. 成本管理理论与方法研究. 东北财经大学出版社,1998.

[41] 王光远. 决策会计学. 湖北科学技术出版社,1988.

[42] 王学军. 战略会计学. 武汉工业大学出版社,1995.

[43] 焦跃华. 企业成本控制战略研究. 博士学位论文.

[44] 中国青年财务成本研究会秘书处. 财务成本改革新思维. 辽宁人民出版社,1989.

[45] 易庭源. 工业成本学. 吉林人民出版社,1986.

[46] 易庭源,李定安. 成本管理专题研究. 西南财经大学出版社,1987.

[47] 易庭源. 企业成本学. 湖北科学技术出版社,1998.

[48] 易庭源,高文娇,李定安,等. 利润分块责任制——转换企业经营机制的现实选择. 湖北科技技术出版社,1996.

[49] 中华人民共和国财政部. 企业会计准则——现金流量表. 2006.

[50] 罗飞. 企业财务报表阅读与分析. 中国经济出版社,1993.

[51] 盖地. 中级财务会计. 经济科学出版社,1997.

[52] 李海波,刘学化. 工业会计——企业财务会计. 立信会计出版社,

1997.

[53] 易庭源.改进财务状况变动表之设想.财务与会计,1991(10).

[54] 易庭源.财务状况变动表结构原理的研究.财务与会计,1994.

[55] 易庭源.财务状况变动表与现金流量表的改进.中南财经大学学报,1997(4).

[56] 阎达五,徐国君.人力资本的保值增值与劳动者权益的确立.会计研究,1999(6).

[57] 刘仲文.试论人力资本理论与应用的几个问题.会计研究,1999(6).

[58] 齐君,邵其军.中国会计学人力资源会计理论与方法研究综述.会计研究,1999(6).

[59] 张友棠.知识经济时代人力资本的产权特征及核算方式创新.会计研究,1999(8).

[60] 刘永泽,戴军.论知识经济对人力资源会计的影响.会计研究,2000(3).

[61] 杜兴强,李文.人力资源会计的理论基础及其确认与计量.会计研究,2000(6).

[62] 石文亚.知识经济时代财务管理的创新.财务与会计,2000(9).

[63] 袁振兴.论劳动者权益的性质.会计研究,2000(10).

[64] 孙铮,王霞.员工认股权计划会计问题的探讨.会计研究,2000(11).

[65] 葛家澍,吴水澎,唐予华,等.会计基本理论问题探讨.立信会计图书用品社,1991.

[66] 徐政旦,石人瑾,林宝环,等.成本会计.上海三联书店,1994.

[67] 张文贤.人力资源会计制度设计.立信会计出版社,1999.

[68] 吴水澎.中国会计理论研究.中国财政经济出版社,2000.

[69] 常勋.财务会计三大难题.立信会计出版社,1999.

[70] 王正德,张兆国,叶陈刚. 会计哲学概论. 云南科技出版社,1988.

[71] [美] A·埃巴. 经济增加值——如何为股东创造财富. 凌晓东,等,译. 中信出版社,2001.

[72] 赵曙明. 人力资源管理研究. 中国人民大学出版社,2001.

[73] 常勋. 国际会计. 厦门大学出版社,2001.

[74] 李定安. 成本管理研究. 经济科学出版社,2002.

[75] 瞿文莹,周明春. 高级成本管理会计学. 中国财政经济出版社,2002.

[76] 张先治. 股票期权理论及在公司激励中的应用研究. 会计研究,2002.

[77] 谢德仁,刘文. 关于经理人股票期权会计确认问题的研究. 会计研究,2002.

[78] 杨雄胜. 中国会计研究规范问题探讨. 会计研究,2004.

[79] 叶友,张百祥,聂尚君. 国有企业改革、国有资产流失与会计监管综合治理,财务与会计,2005.

[80] 张克彬. 国资委的成立能否真正解决所有者缺陷问题. 经济体制改革,2005.

[81] 杜英彬,张汉俊. 现代成本会计学. 中国经济出版社,1991.

[82] 罗飞,夏博辉,张兆国. 成本会计. 高等教育出版社,2000.

[83] 李孝林,孙芳城,邓腾江,孔庆林. 会计基础理论比较. 立信会计出版社,2002.

[84] 丛巍,章新蓉,梁刚. 新编会计基础. 立信会计出版社,2003.

[85] 叶陈刚. 会计道德管理——会计假账的道德透析. 中国地质大学出版社,2003.

[86] 王光远. 受托管理责任与管理审计. 中国时代经济出版社,2004.

[87] 王光远. 会计历史与理论研究. 福建教育出版社,2004.

[88] 胡星辉.财务会计决策研究.湖北科学技术出版社,2004.

[89] 黄翊枢.资金短缺与对策(商场黄氏兵法).广东科技出版社,2005.

[90] 余绪缨.智力资产与智力资本会计的几个理论问题.经济学家,2004(4).

[91] 葛家澍,杜兴强.人力资源会计相关问题探讨.财会通讯,2004(7).

[92] 耿建新,崔宏,刘尔奎.国资委与企业负责人签订业绩合同背景下的会计盈利管理.国有资产管理,2004(8).

[93] 王辉.会计研究的进展与动态——中国会计学 2004 年年会暨原中国会计教授会第九届年会观点综述.财会通讯,2004(9).

[94] 张敦力.如何正确使用"成本与可变现净资产孰低法".财会通讯,2004(9).

[95] 刘玉廷.关于中国会计国际协调问题——在首届《财务与会计导刊》颁奖大会暨会计准则发展与国际化研讨会上的讲话.财务与会计导刊,2005(5).

[96] 徐国君,马广林.论从静态会计到动态会计的提升.财务与会计导刊,2005(2).

[97] 伍中信,王跃武.人力资源会计之产权经济学.财务与会计导刊,2005(2).

[98] 唐国平.清算会计要素与报告问题研究.中南财经政法大学学报,2005(2).

[99] 王军.认真贯彻会计法,推动会计事业发展——纪念会计法实施20周年.会计研究,2005(4).

[100] 郭道扬.《会计法》的立法创新及其影响.会计研究,2005(5).

[101] 金慧,叶成刚.基于全面质量管理的质量成本会计新体系.财会

月刊(综合),2005(5).

[102] 王军. 论中国会计精神. 商业会计,2005(9).

[103] 王军. 审时度势,把握机遇,完善中国会计准则体系. 会计研究,2005(10).

[104] 汤湘希. 企业核心竞争力的识别与会计确认研究. 财会通讯(学术版),2005(11).

[105] 耿建新. 以国家利益为导向的国际化趋势——解读企业会计准则体系. 中国财经报,2006(4):14.

[106] 吴杰,许家林. 矿产资源勘探与评价会计准则的国际趋势同研究. 财务与会计导刊,2006(4).

[107] 陈毓圭. 中国注册会计师执业准则体系的特点. 财务与会计导刊,2006(7).

[108] 刘玉廷. 2006 年会计改革与管理的主要任务. 商业会计,2006(4).

[109] 许家林,申慧慧. 关于国家审计结果公告制度建设的研究与分析. 财会通讯(综合版),2006(5).

[110] 原振林. 对现金流量表及其编制方法的探讨. 财会月刊(会计),2005(1).

[111] 耿建新,续芹,文利明. 企业筹建子公司过程中的理财视角. 财务与会计(理财版),2006(2).

[112] 汪祥耀,骆铭民. 论我国会计准则与国际准则的趋同. 财务论丛,2004(1).

[113] 许家林,訾磊. 会计准则制定导向的哲理视角思考——基本构建理性主义与进化理性主义的社会制度演进逻辑角度分析. 财会通讯(综合版),2005(12).

[114] 王辉,许家林. 我国基本会计准则与财务会计概念框架的比较.

财会通讯(综合版),2006(1-3).

[115]　周仁俊,喻天舒.经营者激励方式与业绩评价指标选择.财会通讯(综合版),2006(4).

[116]　王珍.人才资源价值量化的难点分析.财会月刊(综合),2006(1).

[117]　冉明东,蔡传里,许家林.A·C·利特尔顿的《1900年以前的会计发展》.财会月刊(会计),2006(2).

[118]　黄启国.试论人力资源会计.会计月刊(理论),2006(3).

[119]　向宏桥,张新平.剩余索取权配置的理论研究.财务月刊(理论),2006(4).

[120]　王昌锐,蔡传里,许家林.卢卡·帕乔利的《簿记论》.财会月刊(会计),2006(4).

[121]　骆铭民.公司治理与内部控制的对接与互动.财会月刊(理论),2006(5).

[122]　王昌锐,蔡传里,许家林.威廉·H·比弗的《财务呈报:会计革命》.财会月刊(会计),2006(6).

[123]　建国,王娟,姚敏.循环经济模式下企业财务管理问题研究.财会月刊(理论),2006(6).

[124]　董建华,袁天荣.控股股东的并购融资动机分析.财会月刊(理论),2006(6).

[125]　《财务与会计》记者.借鉴国际经验,完善政府机关内部审计制度——访十届全国政协委员王光远.财务与会计(综合版),2006(2).

[126]　耿建新,续芹,文利明.企业筹建子公司过程中的理财视角.财务与会计(理论版),2006(2).

[127]　戚拥军,张兆国.股票期权激励机制评介.财务会计(理论版),2006(2).

［128］ 张兆国，戚拥军.股票期权激励机制在中国.财务与会计（理论版），2006（2）.

［129］ 马广林，刘娟，孙平.人力资源会计浅探.财会月刊（综合），2006（9）.

［130］ 段敏生.浅谈权益型人才资源会计.财会月刊（综合），2006（9）.

［131］ 吴泷.人力资源会计新探.财会月刊（理论），2006（9）.

［132］ 易庭源.全面革新会计——既要借鉴西方经验，又不可盲目照搬.会计之友，2006（3）.

［133］ 易庭源.对国企营业者量化考核的新方法——利润分块责任制简易法.中国财经报，2006-3-17.

［134］ 易庭源.对象起点论与等式说.财务与会计（综合版），2006（8）.

［135］ 叶陈刚.企业理论与会计职业道德教研大纲.会计之友，2007（2）.

［136］ 袁艳红.经理股票期权会计确认的探讨.税务与经济，2007（2）.

［137］ 朱学义.论会计等式的演变与改革探讨.未来与发展，2007（3）.

［138］ 余绪缨.管理会计学科建设的方向及其相关理论的新知识.财会通讯（综合版），2007（2）.

［139］ 汪祥耀，韩文琴.论创造性会计中的"黄宗羲定律".上海立信会计学院学报，2007（3）.

［140］ 方婧，李连华.企业环境会计应用状况调查报告——来自浙江的实践.财会通讯（学术版），2007（4）.

［141］ 许义生.关于财务管理学研究对象及其特殊矛盾的思考.会计之友，2007（6）.

［142］ 黄煌惠，韩传模.企业人力资源确认及其计量模型改进.财会通讯（学术版），2007（4）.

［143］ 黄平生.复式簿记法与会计网络流理论研究.地震出版社，2007.

［144］ 张龙平，聂曼曼.新准则环境下的审计业务流程优化问题研究.管理世界，2008（7）.

［145］　王军.科学规划　精心组织　开创新时期会计管理工作新局面.中国会计年鉴,2008.

［146］　刘玉廷.中国企业会计准则:架构、趋同与等效.中国会计年鉴,2008.

［147］　陈毓圭.注册会计师行业的健康发展是构建和谐社会的重要因素.中国会计年鉴,2008.

［148］　叶陈刚,李姝.会计信息披露监管制度的博弈分析.财会通讯,2009(7).

［149］　龚光明,龙立.经济增加值与传统财务指标:何者与公司价值更相关.财会月刊,2009(8).

［150］　樊行健,孙峥嵘.上市公司经营者剩余索取权及其实现方式研究.财会月刊,2009(8).

［151］　欧阳清.成本管理研究.东北财经大学出版社,1990.

［152］　张文贤.21 世纪 100 个会计学难题.立信会计出版社,2010.

自　传

　　易庭源，1919 年 10 月 27 日出生于湖南汨罗，受屈原的影响，长期怀着忧国忧民之心，越到晚年，报国之心越切。

一、职称及职务

　　1944 年秋毕业于湖南所里国立商学院，留校任助教；1946 年合并到湖南大学，1949 年秋晋升为讲师；1953 年全国院系调整后到中南财经学院，1980 年秋晋升为副教授；1983 年 8 月评为教授。

　　1984 年下学期至 1990 年下学期担任研究生导师组长。

　　1990 年退休。

　　1966 年间，得到广大师生的关心和培养，永世难忘。特别是，感谢恩师张永言教授，启发我专研德国的"动态论"；感谢恩师刘炳炎教授（会计系主任），在 1948 年破格让我担任会计系"银行会计"一课程的讲授，由于教学效果好，随后的几十年，对我多方面关心和培养；感谢青出于蓝的优秀学生，他们都给我极大的帮助。

二、教学工作

　　1972 年以前，一直担任本科银行会计、政府会计、会计问题、工业会计、苏联凭单日记账等课程的教学；1972—1997 年上学期，在全国各地办会计短训班；1979 年下学期以后，担任本科生及研究生的教学。

长期教学，总结出两句话：一是"教师是人，不是机器人"。就是说，要以科研带动教学，离开科研的教学，只能是"照本宣读"，口才再好，也培养不出人才。

二是"教师是人，不是神"。就是说，教师在科研和讲课时难免有错误，但君子之过，如"日食"，要光明磊落，勇于承认错误，改正错误。

三、科研成果

创立"价值与使用价值矛盾论——资金运动论"贷借复式记账原理。

创立成本计算对象"时空观"，科学地说明分批法、分步法、简单法的形成；创立成本项目"经济用途观"，直接材料≠直接费，直接人工≠直接费，制造费用≠间接费；创立汇集费用"划清各种支出界限观"，防止化、挤、冲、摊。

创立"成本与收入的产前、产中控制体系"革新"管理会计学"。

创立"利润分块责任制"，深化经济体制改革。

创立多栏式"资金运功总账"按账户设置专栏，按月汇总经营活动、投资活动、筹资活动三大类各项业务发生额，用箭头分行登记贷借"矢量"分录。起点为贷，终点为借。即可根据"现金账户"栏的记录编制现金流量表；又可根据各账户栏的本期发生额编制资产负债表及利润表；还可复印一份作为动静总报表。

在上述理论的基础上，建立"创新劳动"概念，创立"两步分配"理论和"利润分块"理论，一起构成"创新劳动会计学"。探索兼容公平与效率的发展道路。

四、专著、教材、论文

（1）专著：《资金运动会计理论》（湖北科学技术出版社 1986 年第一版，1990 年第二版；中国财经经济出版社 2001 年第三版；本书是第四版）。

高承风、顾惠忠、秦忠艮、徐庆宏主编的《国内外财会书刊导读》（航空工业出版社 1993 年出版）（简称《导读》），详细介绍了这一专著（1 版、2 版）主要内容后，强调指出："作者集 40 余年研究之大成，提出许多发人深省，给人启迪的独到观点见解。……跳出了就会计论会计的惯性思维，以较开阔的视野，提出了会计应从价值与使用价值对立统一的角度，综合核算各种使用价值再生产，并促使价值与使用价值这对矛盾向好的方面统一。该书对促进人们大力发展生产力、以节约求增产等也有积极意义。"（第 17～18 页）

专著被评为中南财经大学 1985—1987 年度优秀科研成果；1989 年获湖北省社会科学联合会二等奖；1990 年获湖北省成本研究会科研成果一等奖；1996 年获财政部第三届全国财政系统大中专优秀教材二等奖。

（2）专著：《工业成本学》（吉林人民出版社 1986 年版）。

（3）专著：《成本管理专题研究》（西南财经大学出版社 1987 年版）（与李定安合著）。

（4）教材：主编《企业成本学》（中国财政经济出版社 1988 年版）。

《导读》指出："该书是在易庭源著《工业成本学》和向泽生主编的《商业企业成本管理》的基础上，由易庭源、罗飞、李定安、陶亚文补充改写而成，易庭源对全书做了修改和总纂。……该书体现了我国企业成本管理的最新理论研究成果和实践经验，"（第 82 页）

1992 年获财政部第二届全国财政系统大中专优秀教材二等奖

奖杯。

(5) 专著:《工业会计学》(中国铁道出版社 1990 年版),是根据本人最后一次讲稿编写而成。刘坤盛参加部分编写。

《导读》强调指出,"这是一本比较完善的工业会计学教材,它的中心内容是阐述企业如何用尽量少的个别劳动生产尽量多的符合社会需要的产品……作者对生产过程的成本管理、差异分析、成本控制做了专门介绍……有独到的见解,都有别于其他工业会计书籍。"

(6) 教材《企业会计学》(湖北科学技术出版社 1991 年版)。

(7) 论文:截止目前共发表论文 160 篇。其中,《论利润分块承包责任制》(《会计研究》1992 年第 1 期)及《利润分块理论:完善承包制新思路》(中南财经大学报,1990 年第 1 期),1993 年获国家教育委员会科学技术进步三等奖。

五、"利润分块责任制"鄂州试点成功

1990 年本人向湖北省科委申请《利润分块责任制的研究与试点》重点软科学研究课题,由中南财经大学、湖北省财政厅、鄂州市财政局等单位选派易庭源、高文娇、余洪初、李火焰、李定安、夏成才、焦跃华等十几位同志成立课题组,在鄂州重型机器厂、鄂州市钟厂、鄂州市化肥厂,于 1991 年试行一年,进展顺利,成绩显著。特别是三家企业为了争取多创超额利润,竞相引进或创造新科学技术,形成"从节约中求增产"的良性循环。

1992 年 3 月 5 日,湖北省科委在鄂州召开专家鉴定会,14 位国内专家一致认为,选题及研究路线正确,是一项具有重要理论与实用价值的开拓性成果。

《湖北日报》等 11 种报刊,作了显著的报道。

总结这次试点经验,主编《利润分块责任制——转换企业经营机制

的现实选择》(湖北科学技术出版社 1996 年版),1995 年获湖北省首届社会科学优秀成果省级(论文类)三等奖。

六、国外评价

(1) 1988 年 4 月,日本前会计学会主席饭野利夫来我国访问,我将《资金运动会计理论》(1986 年版)送给他,他看到本人 1943 年把德国巴比的"资金循环说"与日本太田哲三的"双重计算损益学说"结合起来,形成"新动态论",并按太田哲三的水槽比喻,作成复式记账图时,他极为感动。因为他是太田哲三的得意门生,他做梦也没想到在异国他乡,遇到学习并发展恩师学说的学者。于是又将该书转送给其师弟君冢芳郎。君冢芳郎著:《太田哲三——无法描写的大人物》(载日本大学商学部图书委员会编《砧通信》1988 年 12 月 17 日)一文时,详细介绍"新动态论",并将水槽复式记账图列出。

他们还特地写信给国际会计学会前主席保罗·加纳,通报此事。

后来,我将《资金运动会计理论》(1990 年版)一书送给保罗·加纳,他回信说:"我注意到,书中详述会计发展史,对此我向您祝贺,因为您也许知道,我曾致力于会计史的研究。我还注意到,全书贯彻了成本控制的思想,这是非常重要的问题。"

(2)〔日〕西村明教授著:《会计管理与会计信息系统论——中国围绕会计属性的争论》(九州大学经济学会《经济学研究》第 53 卷 1,2 合并号)一文中,详细介绍了我国会计学发展的"起伏"过程,特别是"会计管理论"与"会计信息系统论"的争论之后,强调指出:"中南财经大学易庭源教授在德国会计理论基础上创造了独特的资金运动论。"

(3)〔日〕津谷原弘教授将拙作《从价值与使用价值矛盾进行控制与决策》(中南财经大学学报 1988 年 3 月期)译为日文,转载于《名古屋商科大学论集》第 33 卷第 2 号。

七、其他重要活动

1. 拥护长沙和平解放

1948 年秋至 1952 年春,兼进业会计学校校长。参加长沙市中学校长联合宣言,拥护和平解放(载《中兴日报》1949 年 8 月 4 日),属起义人员,为长沙市人民代表、政协协商会委员。

2. 访问美国

1981 年上学期,作为中国财经教育考察团团员,访问美国著名大学(回国后,主张对原有教师仍搞"铁饭碗",直到退休;而对新教师,则应采用聘任制,严格执行"优胜劣汰"办学方针)。

3. 学会活动

1980 年 9 月参加"中国成本研究会"成立大会,1981 年任理事,1988 年任常务理事,1992 年任顾问。

1984 年任武汉市会计学会顾问;1988 年任湖北省成本研究会副会长;此外,还兼任全国煤矿机械制造成本研究会、机械工业会计学会武汉市分会、湖北省建设会计学会的顾问。

八、获党内荣誉

1980 年 4 月加入中国共产党。

1987 年 7 月,会计系总支评为优秀共产党员。

2006 年 7 月,校党委评为优秀共产党员。

2011 年 7 月,校离退休党委评为优秀共产党员。

附　　录

思　　念

一、忆老伴

1945 年 11 月 12 日,我和周树奇女士结婚,2001 年 10 月 20 日,她仙逝,整整 56 年,相濡以沫。

特别是 1990 年以前,她不仅承担家务,而且还经常为我抄写稿件,熬夜,感人肺腑。我发表论文 167 篇,出版专著与教材 8 部,每一句话,每一个字,都凝结着她的血汗。

我们养育了三个好儿子(中天、中胜、工城)、三个好女儿(儿媳)(若华、嘉倩、朱凤)、三个好孙子(海贝、海舟、海思)。我们常自称"九好老人"(现在又添了曾孙,四代同堂)。

谨以《资金运动会计理论》一书献给她,愿她在天之灵得到安慰。

二、忆父母

记得我小时候,营田老屋隔壁住着一个孤苦伶仃的瞎子婆婆,母亲总要我送碗饭菜给她吃。我每次送去,她总是感激得眼泪汪汪,给我留下极为可怜的印象。

父亲学过中医,经常给贫困乡亲们看病治病,不收分文,感人肺腑的事也很多。

耳濡目染,在我幼小的心灵中铭刻着:

行善,行善,再行善!

三、忆哥嫂

早年,父亲在外地工作,母亲身体不好,家中大小事,特别是我们弟妹的生活与学习,多由哥哥易仁荄、嫂嫂盛淑芬跟母亲商量着办理。

"长兄如父,长嫂如母"。

1930年,我11岁时,哥哥在湘阴县当督学。有一天,他牵着我的手,步行几十里路,送我到一个学校读高小。他给我办好入学和住宿手续后,我留在学校,他才放心回家了。

这个学期,每逢星期日,我回家住一天。有一次我回家,嫂嫂对妈妈说:"庭源读高小,给他做条新裤子好吗?"妈妈同意了。嫂嫂就到营田街买了几尺青布,亲手给我做了一条新裤子。我高高兴兴地穿着上学。到学校后,一个同学找我打架,一下把我打倒在地,把我的裤子打破了,我哭了半天。星期日回家后,嫂嫂说:"莫哭,我给你补好。"果然补得一点破绽也没有。我又高高兴兴地穿着上学了。

1935年,哥哥毕业于清华大学,回湖南,在长郡中学周南女中任教,得以带我们弟妹到长沙读书。

抗战初期,长郡周南等校迁兰田,哥嫂又带我们弟妹到兰田读书。这时父母也已告老还乡。后来,营田老屋被日本人炸毁,言馨堂四家老少还有姑妈一家,都逃难到兰田,住在五车堂,虽然各家经济独立,但四十多人如何在新环境下生活,特别是弟妹们的学习,都由哥哥嫂嫂通盘筹划,扶老携幼,煞费苦心(1940年春节在五车堂门前摄了一张40多人的全家福,载《营田易氏言馨堂家谱》,是最好的纪念照片)。哥哥嫂嫂一直把我培养到大学毕业。

抗战胜利后,哥哥曾任民国大学教授,随后在长沙创办清华中学,编著全套中学历史教材,共百余万字。真是"忠厚传家久,诗书继世长。"

春风化雨,润物细无声。我们弟妹,在哥嫂三十年如一日的抚养熏陶下,就像雨后春笋,一个个茁壮成长。天恩祖泽,永世难忘。

祝愿哥嫂,在天上过神仙的日子。

四、感谢恩师

1943年,刘炳炎教授给我们讲授《货币学》一课时,曾经谈到,在长期战争中,物价上涨,一旦胜利了,物价会急剧下降,随后又上涨。果然,1945年抗战胜利后,物价大跌,我乘机买了一些准备结婚用的衣服被单等;而且,果然过不久,物价回升,让我在生活实践中得到实惠。这充分说明,恩师的教学是理论联合实际的。

1946年,国立商学院合并到湖南大学后,恩师任会计系主任,得知我在昭信会计学校与进业会计学校兼课,教学效果很好,主张破例让我在会计系开《银行会计》一课。当时,许多人反对,认为如果让助教易某某开课,那么有的讲师与教授会离开湖南大学。恩师说,"哪有讲师、教授怕一个助教的。"坚决让我走上大学讲台,结果讲课效果很好。

恩师在新中国成立前用美国原课本教学;新中国成立后勇敢地开讲最难讲的《苏联凭单日记账》。但我认为不能照搬外国教材,应当创新,于是,写了《吾爱吾师,吾尤爱真理》一文,登载于《湖北日报》。恩师看后,反而加倍关心我、培养我。真是"恩深似海"颇有蔡云培办北京大学之风。

1980 年,恩师为了培养我,推荐我参加"中国成本研究会"。在那里,我结识了许多知名人士,长期交往,受益良多。

恩师,恩师,永世不忘的恩师,愿您在天之灵过着神仙的日子。

(本文载于《中南财经政法大学校报》,2006 年 220 期。)

代　跋

　　在我很小的时候,有很大一部分时间都是在爷爷身边度过的。上了学之后,每个周末和寒暑假也有很多日子在爷爷家里度过。从小到大,爷爷在我脑海中留下的最深刻的印象就是他每天绝大部分时间都在书桌案头孜孜不倦地写作,搞他的会计学理论研究。即便是到我长大了,由于学习的原因去看爷爷的时间没有小时候那么多了,但每次我去爷爷家,推开门第一眼看到的仍然是那似乎永远不变的爷爷伏案写作的情景。唯一变化的只是那渐渐稀疏的白发和渐渐苍老的身形。

　　爷爷写书还是个完美主义者,往往一小段话就要涂涂改改好多遍。因此,写成一部书对爷爷来说是很不容易的。我常常在想:是什么东西使得爷爷几十年如一日,如此孜孜不倦、精益求精地研究和写作呢? 随着我的长大,我渐渐明白,这就是热爱,一种发自内心的热爱,对知识的热爱,对真理的热爱,对思考的热爱。

　　爷爷的一生已经走过了整整九十二个春秋,对于我这个 20 世纪 80年代出生的晚辈来说,这实在是一部太过厚重的历史,根本无法看透那岁月的深沉。而爷爷一生的做学问和为人,却又如水一般清澈和单纯,几十年来默默地浸润着我们每一个晚辈的灵魂。爷爷的这种对知识和真理执著追求的精神,在我们这些晚辈的成长过程中无时无刻不在潜移默化地影响着我们。这种精神,对于我们所有共同艰难跋涉在求知道路上的后辈学生来说,也是老一辈学者留给我们的宝贵财富。

　　这次将爷爷的专著《资金运动会计理论》出版,是表达我们对他的追思,是对他们老一代学者的追思,是我们决心继承和发扬他们几十年来积累下来的知识财富和精神财富的追思。在此,我希望我们这一代年轻人,能够不辜负前辈对我们的殷切期望,像老一辈一样,踏踏实实做人,精益求精做学问,将全部的热情投入自己的事业中去!

易海思

2013 年 3 月